내일을 디자인하다

허세를 넘어 진정한 나로 살아가기

작가 본연의 글맛을 살리기 위해

한글 맞춤법에 맞지 않는

일부 표현을 수정하지 않았습니다

내일을 디자인하다

고정선 지음

생각의빛

프롤로그

더 나은 '내일'을 꿈꾸기 위해서

대한민국, KOREA, 자랑스러운 우리나라의 이름이다.

무엇이든 앞에 K를 붙이면 국뽕이 차오르게 만드는 마성의 K.

K팝, K드라마, K영화, K푸드, K운동, 각종 K콘텐츠에 이어 노벨문학상 수상의 영광과 함께 드디어 K문학까지, 코로나 시대엔 방역에도 K를 붙일 만큼 K는 우리의 자랑이요 영광이다.

몇 해 전 나는 크루즈 여행 중 정찬 파티에서 우리의 K팝 '강남스타일'에 맞춰 춤을 춘 적이 있었다. 갑자기 울려 퍼진 '강남스타일'에 함께 갔던 일행들은 누구나 아는 그 춤사위를 칼군무처럼 추기 시작했고, 그런 우리의 모습에 세계 각국의 사람들은 사진을 찍었으며, 파티가 끝날 때는 마치 연예인처럼 내 앞에 외국인들이 줄을 서 있었다. K팝의 인기에 국뽕이 차올랐던 그 순간, 나는 그냥 K사람일 뿐이었지만 말이다. 전 세계 땅 넓이 순위 중 108위밖에 되지 않을 만큼 좁은 땅덩어리의 작은 나라 대한민국, 그러나, 지구상 수많은 나라 중 단연 1등을 하고 있는 것들은 한둘이 아니다. 우리의 자랑스러운 K팝과 K콘텐츠들은 세계의 유행과 흐름을 바꾸어 나가는 선두에 서 있으며, KOREA의 국민 한 명으로서 자부심을 가득 느끼고 살아가고 있다.

반면, 이런 영광에 가려진, 개개인의 행복은 어떤가? 우리들의 삶 앞에는 부끄럽고 창피한 불명예가 가득하다. 세계 명품 소비율 최상위국, 세계 자살률 최상위국, 그리고 세계 최저 출산율의 나라까지, 영광스러운 많은 1위 이면에 가려진 암울하고 부끄러운 결과들 또한 우리의 모습이다. 허세의 민족, 사치의 민족이라는 오명과 함께, 행복하지 않은 국민, 남의 시선을 지나치게 의식하며 자신의 행복감보다, 남에게 보이는 모습을 꾸미기 위해 과한 지출도 서슴지 않는 명품 소비 최상위의 나라. SNS에는 각종 인증샷으로 자기 자랑이 넘쳐나고, 반대로 열등감에 시달리다가 그 모습을 부러워하며 심지어 자신을 버리기까지 한다. 매해 20대 여성의 자살률이 높아지고 있는 현실은 상대적 박탈감에 시달리며, 자신의 처지를 비관하는 사람들도 늘어나고 있다는 암울함을 말해준다. 언제쯤 우리는 이런 아이러니한 현실 속에서 불행한 오명들을 벗을 수 있을까?

나에게는 잊히지 않는 하나의 기억이 있다.

한참 일에서 성공 가도를 달리고 있던 어느 날, 회식 자리에서 한 여직원은 어리광 섞인 말투로 나에게 충격적인 술주정을 했다. "명품 가방도 좀 들어주시고 좋은 차도 타셔서 더 큰 비전이 되어주세요~!" 나는 그 시절 매일 치마 정장에 8cm 힐을 신었고, 마치 인기 드라마의 카리스마 있는 서브 주인공같이 올백헤어에 네일까지 완벽하게 풀메이크업을 하고 다녔다. 170cm의 장신이기에 나의 복장과 모습은 어딜 가도 눈에 띄어 커리어우먼이라는 말을 들었었는데 그런 내가 부족해 보였나? 명품? 좋은 차? 그렇게 티를 내어야만 누군가에게 비전이 되는가? 정작 나는 쇼핑은 별로 좋아하지 않았으며, 물욕보다는 감성 욕구가 컸기에 좋아하는 영화는 극장에서만 몇 번을 볼 정도였고, 함께하는 술자리가 좋아 날이 밝을 때까지 회식을 즐기곤 했었다. 한참 음악을 좋아할 때는 밤새 클럽에서 춤을 추기도 했었고, 좋아하는 작가님의 출판기념회는 퇴근 후 김밥 한 줄로 배를 채우고 달려갈 만큼 나에게 행복의 기준은 명확했다. 그 난감한 요구를 받은 후, 약간의 자존심이 상한 나는 작정하고 쇼핑을 하러 가서 가방도 코트도 사며 과한 소비를 해보았지만, 그것은 나에게 행복감보다는 왠지 더 허탈하고 피곤했던 기억으로 남아있다.

시간이 한참 지난 지금 내가 그때 그 직원을 다시 만난다면 물어보고 싶다.

진정한 성공이란 무엇인가? 성공하면 명품은 필수인가? 당신은 언제 정말 행복한가? 지금은 행복한가?

나는 최근 20년 넘게 해왔던 일을 그만두고, 잃었던 건강을 되찾기 위해 운동하고 독서하며 나의 인생 1막을 돌아보는 시간을 보냈다. 되돌아보니, 누구보다 힘들었고 우울했지만, 나름대로 성공도 실패도 경험하며, 더 이상 열심히 살 수 없었다고 얘기할 만큼 후회가 없는 현재의 내가 되어 있어 뿌듯하고 감사하다. 19살에 아버지의 죽음을 겪으며 스스로 많은 것들을 헤쳐 나와야 했던 내가 50을 바라보며 삶에 대한 의미를 정리하면서 왜 우리의 영광스러운 수식어 K는 개인 한 명 한 명의 삶에는 붙지 못하는지 안타까움이 가득하다.

우리는 분명 K 국민으로서 세계를 주도하고 나아가고 있지만, 개개인의 행복을 위해선 과연 얼마나 노력하고 있나? 사치와 허세에 빠진 세계 명품 소비 최상위국의 오명과 함께 가장 높은 자살률과 불행함을 느끼고 사는 국민이라는 말은 이제 좀 그만 들어야 하지 않을까? K의 위상처럼 개인의 삶에도 K를 붙일 수는 없겠지만, 적어도 매일 매 순간 자신의 삶에 대해 올바른 선택을 한다면 더 나은 내일을 만들어 나갈 수 있을 텐데 말이다.

인생 1막을 살아오면서 깨달았다. 인생은 정답은 없지만 해답은 있다는 것을.

그 해답을 통해 더 나은 내일을 만들 수 있도록, 더 멋진 내일을 꿈꿀 수 있도록 이 책을 통해 알려 주려 한다. 우리의 인생에도 자랑스러운 K를 붙일 날을 기대해 보며 행복한 오늘을, 더 나은 '내일'의 삶을 디자인해 보자.

내일을
디자인하다

고정선 쓰다

프롤로그_ 더 나은 '내일'을 꿈꾸기 위해서

제1장 허세와 과시, 오늘의 우리

제2장 포장과 가면보다 가장 필요한 건 "나의 본질"

제3장 내일을 위한 (준비)

제4장 내일을 위한 (실천)

제5장 내일을 위한 (주의)

제6장 평온하고도 특별할 내일의 우리

제1장

허세와 과시, 오늘의 우리

세계 최상위국 대한민국의 오명

　한국은 명품 소비 세계 최상위 국가로 불릴 만큼 명품 사랑이 유별나다. '명품의 나라'로 알려진 이탈리아에서도 "전세계 명품은 한국으로 향하고 있다." 라고 말할 만큼 이미 우리나라는 명품으로 유명해졌다. 문제는 명품 소비가 늘어남과 함께 지난 10여 년간 자살률 또한 함께 상승했다. 이는 소비수준은 높지만, 행복지수는 상당히 낮은 아이러니함을 보여주며, 그러려니 하고 간과하고 넘어가기엔 우리의 미래가 매우 우울하고 슬픈 것이 현실임을 알려준다. 사치와 낭비를 하지만 행복하지 않은 국민이라는 인식이 자리 잡혀버린 우리는 이대로 괜찮을까?

명품 소비가 불법은 아니다. 명품 구매 또한 건전한 소비이며, 그것이 허영이나 허세의 행동일지라도 분명 잘못된 행동은 아니다. 그러나 불명예스러운 명품 소비 최상위 국가가 된 이유를 통해 현재의 문제점을 인식해 봐야 하지 않을까? 왜냐하면 그 결과가 자살률 1등 국가와 전혀 무관하지 않기 때문이다.

명품(名品)이란? 말 그대로 이름이 있는 물건, 세계적으로 유명하고 비싼 물건이며, 우수한 품질과 명성, 전통, 거기에다 희소성까지 갖추었다고 하니 소유 자체가 성공으로 인식되는 참으로 멋들어지는 뜻을 가졌다. 그러나, 이름처럼 그냥 좋은 물건이 아니라 사람들의 인식 속에서는 다른 뜻을 가지고 있다. 성공을 열망하지만 쉽지 않고, 대신 성공한 느낌이 들기에 가장 좋은 물건, 자신의 단점을 가려주고, 스스로를 띄워주는 효과가 있는 물건, 그것이 많은 사람들이 느끼는 실질적인 명품의 의미 아닐까?

우리나라가 명품 소비 최상위국이 된 이유는 아래와 같이 분석된다.
- 남의 시선과 타인의 평가에 집착하는 의식 과다

- 집값 상승으로 인해 주택구매를 포기한 대신 사치품으로 대리 만족 욕구 충족

 - 반대로 부동산투기로 번 불로소득으로 과시 욕구를 표출하기 위한 호구 쇼핑

 - 엔터테인먼트의 발달로 인한 국내 많은 연예인의 엠버서더 활동

 - 빠르고 잘 갖추어진 온라인 쇼핑시스템

 - SNS상에서의 과시 열풍에 휘말린 과한 소비 증가

 자신의 자아와 존재의 의미보다 물건과 보이는 것을 통해 자신을 드러내고자 하는 과시욕은 역사적으로 보아도 어느 시대, 어느 곳에서도 존재해 왔겠지만, 그것을 내려놓기엔 결코 말처럼 쉬운 일이 아님은 분명하다. 그럼에도 우리는 명품 따위가 인간의 가치에 비할 수 없도록 노력해야 하지 않을까? 내가 명품이 되면 쉽게 해결될 이 어렵고도 간단한 문제를 한 번쯤은 고민하고 노력해 봐야 한다.

 사실 사람과 물건의 가치는 비교 불가한 것인데, 성공하면 따라오는 부로 인해 비싼 값을 치를 수 있는 능력은 곧, 명품 소유로 이어지기에 사람들의 인식 속에선 언젠가부터 '명품=성공'으로 인

식되어 있다. "난 이것을 가졌어." 보다 "나는 이런 가치관을 가지고 이런 생각을 하고 살아가는 멋진 사람이야! 내 인생의 목표는 뚜렷하며, 매일매일 그 목표를 향해 노력하고 힘든 삶 속에서도 의미를 찾아가고 작은 행복을 느끼는 그런 삶을 사는 건강한 사람이야!"라고 생각하는 건 너무나 당연하고도 멋진 일이다.

누구나 성공해야 하는 이유는 다양하고, 좋은 차, 좋은 옷, 좋은 가방, 심지어 성형으로 아름다운 얼굴과 몸까지도 성공의 결과물이 되는 세상이지만 사치와 허영, 과시는 사람을 병들게 하는 이유가 되기도 함을 잊지 말자.

내 주변에는 없는 SNS 세상 속 그녀들

    나에게 싸이**는 20대, 카카오***는 30대와 40대 초반까지의 추억 저장고다. 얼마 전 싸이** 사진첩이 복구되었을 때, 그날은 마치 오래된 보물 상자를 열어본 듯한 기분을 느꼈다. 그 공간에는 젊고 어렸던 나의 모습과 당시 나의 삶이자 일이었던 수많은 행사 사진들, 내 전 남친인 남편과의 풋풋한 연애 시절, 그리고 지금은 연락도 안 되는 친구들과의 추억도 가득했다. 한마디로 그 모습들은 내 인생의 "젊음과 열정" 딱 그 순간이었다.

    그리고 카카오***에는 결혼 후 엄마가 된 나와 내 아이들의 아기 시절, 육아휴직 기간 동네의 또래 엄마들과 평범한 일상이, 복직 후엔 전형적인 워킹맘의 모습이 기록되어 있다. 가끔 5년 전, 10년 전 같은 날짜의 사진이 알림이 오면 그런 날은 추억을 선물 받는 특별한 날이 된다. 그곳은 나에게 "가족, 삶이 무르익는 순간들"의 기록이다.

그리고, 지금은 인스타그램이다. 몇 해 전 회사를 그만둘 마음을 굳힌 어느 날, 출근길의 모습을 사진으로 남겼다. 해가 뜨기 전 출발한 출근길에선 늘 일출을 볼 수 있었고, 그 모습을 기억하고 싶었는지, 며칠간은 뜨는 해를 계속 찍었다. 그 사진은 나의 인스타그램 첫 번째 게시물이 되었다. 회사에선 늘 직원들에게 SNS는 고객관리와 이미지메이킹에 효과가 있다며 SNS의 중요성을 강조했던 나는 회사 계정도 직접 운영했었지만 정작 내 계정은 시작도 하지 않았는데, 퇴사할 마음을 먹고서야 그렇게 시작하게 된 것이다. 막상 온라인 세상 속에 들어와 보니 여기저기서 나의 사진도 발견되었고, 그 모습들은 어색하면서도 새로웠기에 나는 금방 온라인 속 세상에 푹 빠졌다.

그 후 첫 게시물과는 다르게 #오운완 #운동하는엄마 #헬린이 #운동하는여자 #다이어트 #건강관리 #식단관리 또 절반은 #독서

스타그램 #도서리뷰, 나의 별명 #긍정선이 붙게 되면서 나에게도 인친들이 늘어나기 시작했다. 운동을 시작하고 헬스인들과 인친이 되었고, 도서 리뷰 100권을 올리면서 독서하는 분들과도 친구가 되었다. 가끔은 놀랍게도 내가 리뷰를 달았던 책의 저자도 와서 "좋아요"를 눌러 주었고, 댓글과 DM까지 하게 되니 그런 SNS는 나에게 정말 새로운 세상이었다. 하지만 그렇게 SNS 세상에 적응을 해가면서 나는 굳게 마음을 먹게 된다.

"내 딸들은 성인이 될 때까지 절대 SNS는 못 하게 할 것이다."

왜 그런 다짐을 하게 되었을까? 내가 20대, 30대에 했던 SNS와 요즘의 SNS의 어마어마한 문제점 발견한 것이다. 현시대의 SNS는 너무나 아무렇지 않게 드러내는 자기 자랑과 과시들이 넘쳐나기에, 자존감이 강하다고 생각하는 나조차도 때론 열등감에 빠지게 된 계기가 되었으니 말이다. 나 또한 남들이 부러워할 만한 자랑을 했다면 40대 후반 아줌마의 보잘것없는 #오운완 이었는데, SNS 안에는 상상 초월의 대단한 분들의 엄청난 사진들이 매일, 매순간 올라왔다. 인스타그램엔 왜 그렇게 몸매 좋은 40대, 50대가 많은지?

170cm에 53kg. 나름 옷발이 가장 예쁘다는 사이즈를 힘들게 만든 나였지만, 어마어마한 근육과 라인을 가지신 분들은 너무나 많

았다. 어떤 분은 누가 봐도 당연히 아가씨로 보였는데 아이 셋의 엄마였고, 나는 그 사실을 알고 나서 한동안 운동할 힘을 잃었으며, 40대인 줄 알았는데 60대, 심지어 손자가 둘이나 있는 할머니라는 글을 보며 나에 대한 자괴감마저 들었다. 살면서 본 적 없던 사람들이 인친이란 이름으로 일상을 공유하기 시작하면서 놀라움과 부러움과 열등감이 들 수밖에 없는 걸 여실히 깨닫게 된 것이다.

백화점에서 어림짐작 몇 천만 원 정도의 쇼핑은 마트 장 보듯 쉽게 하시는 인친이 있다. 늘 언박싱 사진과 여행 같은 해외출장은 일상이지만, 일상에 대한 감사함과 겸손함을 가지셨고, 다른 이들로 하여금 감사를 받는 모습들도 인상 깊다. 어쩌다 DM으로 대화를 하게 되었는데 아주 친근하게도 나를 "언니"라고 부르시는 모습은 매우 의외였으며, 게시물의 낯선 모습과는 달리 정말 동생 같은 편안함이 느껴졌다. 물론 그분의 삶은 나의 삶과는 매우 다르며 현실의 내 주변에는 없는 분이 분명하지만 말이다.

또 #운동하는여자 로 인연을 맺은 20대의 회사원이 있다. 분명 직장인임에도 일상은 오마카세, 명품 쇼핑, 호캉스, 스파, 휴가는 골프 해외여행과 파티사진이 대부분이다. 예쁜 몸매와 얼굴은 당연히 기본이며, 마치 영화의 여자 주인공 같은 느낌마저 든다.

40대 여성인 한 인친 분은 1주일에 한 번 이상은 꼭 뮤지컬, 영화 관람이 기본이다. 호텔의 애프터눈 티타임, 동네 엄마들과 생일파티는 늘 명품 선물이 오가며, 남편이 사준 명품선물 언박싱과 쇼핑은 기본이다. 그러나, 메인 프로필엔 #소소한일상 #집밥 인데, 요리사 수준인 음식은 입이 떡 벌어지게 했다. 심지어 그 모든 음식을 본인이 만들었다니, 정말 믿어지지 않았다. 이분들 외에도 더욱더 어마어마한 분들이 나에겐 온라인 세상의 친구로 함께 하신다. 자존감 하나는 높다고 자신했던 나는 깨달았다. 이것이 SNS의 특징이며 누구라도 타인의 모습들을 통해 열등감을 느끼겠구나. 이렇다 할 자랑을 하지 않는 나에게도 누군가는 부러움을 느낄 수도 있을 것이며, 그것이 열등감이 될 수도 있겠구나. '명품언박싱' 만이 아닌 다른 이들의 다양한 모습에서 인간이라면 누구나 상대적인 부러움은 느낄 수밖에 없고, 현실의 내 주변에는 없는 이분들의 일상은 괴리감과 열등감으로 누군가의 일상에 우울감으로 번지게 된다.

더군다나 SNS가 일상이 되면서 자기애 과잉은 갈수록 심해지고 있음이 분명하다. 인간의 인정욕구가 더 많은 '좋아요'를 유발하고, 그 '좋아요'를 위해서 더욱 멋지고, 자극적이고, 대단한 게시물을 올리기 위해서는 과한 소비로 이어지는 것이다. 현재 우리나라는 OECD 회원국 중 자살률 1위를 기록하고 있는데, 특이한 점은 20대 여성의 자살률이 최근 몇 년간 계속해서 상승하고 있다는 점이다. 극단적 선택의 가장 큰 이유는 "경제적 어려움"으로 나타났고, 실업과 미취업 문제와 우울증, 상대적 박탈감 등이 이유로 드러났다.

20대 여성의 자살률 상승, 이 문제는 너무나 심각하고 안타까운 일이 아닐까? 거기에 SNS는 지대한 영향을 줬음이 확실하니, 내 주변에는 없는 누군가들을 SNS에서 만나면서 우울함을 키워가는 것이다. 자신의 행복을 최우선으로 생각하며, 타인의 삶을 부러워할 필요가 없음을 깨닫기엔 아직 젊고 호기심 많은 이들에겐 어려운 일임이 분명하다.

2010년 세계 행복지수 1위였던 부탄이라는 나라는 2019년 동일한 행복지수 조사에서 95위로 떨어졌다. 그 이유가 부탄에 스마트폰이 보급되면서 부탄 국민들이 전 세계 SNS를 접했기 때문이라고 한다. 알지 못했던 세상을 알게 된 후 행복감이 현저히 떨어진 결과는 세상 어느 곳이나, 인간의 감정은 다 비슷하다는 것을 새삼 느끼게 한다.

인생은 누구나 다 힘들다. 모두 다 행복해 보여도 본인만이 아는 고충과 힘듦이 다 존재한다. 재력이 있으면, 있는 대로, 없으면 없는 대로, 고민이 없는 사람이 세상에 있을까? 그러나, 현실에 대한 불안함과 불편함, 특히 타인에 대한 부러움은 자신을 작아지게 만든다. SNS, 하지 말라고 할 권리는 없다. 하지만, 적당히 받아들일 자존감이 없다면 끊어야 하지 않을까? 그 시간에 자신의 발전을 위해 책을 보던 운동을 하던 그것이 더욱 본인의 삶에 도움이 될 것이다. '좋아요'를 진심으로 누를만한 마인드가 되지 않거든 SNS는 접도록 하자.

또한 과시를 위한 소비와 인증, 포장형 SNS는 본인을 위해서도 끊어내자. 타인의 부러운 사생활과 그 안의 명품, 화려한 일상, 허세와 인증샷들에 부러움을 갖지 말라. 가질 수 없다고 우울할 것이라면, 그냥 안 보면 되고 그 부러움의 대상도 우리가 알지 못하는 사연 하나는 다 있으니 현재 가진 것을 소중히 여기고 자신의 삶을 더욱 충실히 살아가도록 하자.

진정으로 행복한 삶은 남들보다 잘 사는 것이 아니라, 내가 행복한 것임을 잊어서는 안 된다.

명품 백은 성공의 상징이 아니다

인터넷에 떠도는 괴담 중에는 사촌 누나의 유품을 정리하다가 발견한 명품백을 여자 친구에게 선물했는데 여자 친구가 사촌 누나에 빙의되어, 명품쇼핑에 중독이 되고, 사채 빚을 지며 명품을 모으다가 결국 어디론가 사라졌다는 무서운 사연이 있다. 이 이야기가 진짜인지 가짜인지는 알 길이 없지만, 우리나라엔 현재 비슷한 죽음들이 없지 않다는 사실이 우리를 무섭게 한다. 아마도 성공에 대한 갈망이 잘못된 방법으로 표출되어 일어나는 문제가 그만큼 많다는 사실일 것이다.

나는 명품을 선호하지도 않지만 그렇다고 큰 거부감을 가지고 있지도 않다. 남들이 선호한다고 해서 가지고 싶어 한다거나, 궁금해하지도 않는데, 원래 성격이 관심이 없는 분야에 대해서는 아예 신경을 쓰지 않는다. 어떤 브랜드가 최고이며, 어떤 브랜드의 가격대가 얼마인지도 잘 모를뿐더러 그만한 돈을 지불하며 구매하고 싶은 물건에 대한 물욕도 나에겐 없었다. 아니, 어쩌면 여유가 없었다는 표현이 더 맞을 거 같다.

내가 나를 지키지 않으면 아무도 지켜주지 못했던 나의 20대 자취생활은 우울함이 가득했지만, 들키지 않기 위해 겉으로 파이팅만을 외치며 긍정의 가면을 쓴 시간이었고, 다행히 나는 그 가면을 다른 것으로 포장하는 방법은 몰랐던 것이다. 감사하게도 남들보다 큰 키와 강한 인상은 포장지가 없어도 적당히 잘 포장이 되었으며, 그건 자연스럽게 나의 노력이 더해져 자존감이라는 큰 무기가 되어 주었다. 보이고 싶지 않은 것들로 인한 열등감이나 내면의 자존감이 낮았다면 아마도 나 또한 포장지가 필요하지 않았을까?

지나고 나서보니 참 다행인 것은 포장지를 구매할 충분한 여유가 되었을 때쯤, 나는 자존심과 자존감에 대한 의미를 깨달았다. 남과의 비교보다는 나에게 집중하는 것이 진정한 자아 존중이라는 것을 이해하게 된 것, 어쩌면 인생의 가장 큰 깨달음이 아닐까?

많은 사람들이 타인의 시선을 의식해 허세와 허영으로 겉치레하고 그것이 마치 자존감을 올려주는 도구라고 생각하는 것 같다. SNS 속 다수 여성의 게시물엔 명품백이 주인공이 되는 경우가 있으며, 사진 프레임 안에 가장 잘 보이는 곳엔 브랜드 마크가 돋보인다.

트렌드에 민감하고 소비주의와 과시주의에 한껏 빠져있는 현실의 반영, 암묵적인 성공의 척도가 SNS에서는 여실히 드러나는 순간이다.

물론 모두가 그렇지는 않다. 개인적으로 친분이 있는 지인 중에는 그만한 재력을 충분히 갖추었기에 명품 백도 전혀 어색해 보이지 않는 사람이 있다. 그 지인은 SNS도 아예 하지 않으니 사진도 찍지 않으며, 평상시에도 과시하는 모습은 본 적이 없는 소박함, 겸손함 자체다. 청바지에 운동화를 신고 장바구니 끌고, 최고급 명품 백을 들고 전통시장도 잘 다니며, 또 어떤 날에는 아이들 신발 주머니 같은 에코 백을 들고 다니기도 한다. 남을 의식하거나 보여주기식이 아닌 말 그대로 그녀에겐 명품 백도 에코 백도 그냥 가방이다. 과시와 우월감의 상징은 찾아볼 수 없다.

갑자기 명품 백이 불편해 보인 그녀가 떠오른다. 내가 사주는 점심과 커피를 마시며 항상 "잘 먹었습니다." 하고 감사함을 표했던 회사의 말단 인턴, 그녀는 몇 달 치 월급을 꼬박 모아야 살 수 있는 명품 백을 매우 소중히 들고 다녔다. 사회 초년생의 딱지를 떼지 않아 늘 주변을 신경 썼으며, 내 옷 같지 않은 어색한 정장에 긴장하고 있는 어깨에 야무지게 걸쳐있던 명품 백. 소중히 다루는 것으로 보아 진품으로 보였으나, 왠지 본인의 것이라고 느껴지지 않는 그 어색함. 나는 10대 시절에 교복 입고 눈썹 그리고 립스틱 발랐던 불량 고등학생들의 불편함을 그녀에게서도 발견했었다. 문득, 그녀는 지금 어떤 여성이 되었을까? 궁금해진다.

여성들이여~! 명품은 성공의 포장지가 아니며, 목표가 아니다. 올바른 정신에서 나오는 우아하고 예의 바른 몸짓과 차분하게 자기 생각을 잘 전달할 수 있는 의식이 있는 여성이라면 무엇을 들고 다녀도 괜찮다. 내 것이 아닌 것을 알면서도 내 것이길 바라지 말자!

껍데기보다 내면을 채우고, 진정한 성공을 이룬 뒤, 가벼운 마음으로 구입하고, 보여주려고 들지 말고, 자연스럽게 사용하자. 원시시대 인류가 바늘을 사용하게 되면서 더욱 예쁜 옷을 과시하기 위해 장신구를 하나씩 덧달기 시작했던 것처럼, 인간이라면 자랑하고 싶은 마음을 없앨 수는 없겠지만, 허세와 허영, 과욕으로 남에게 보여주기 위한 억지 포장은 그만하자.

　남들보다 더 재력 있고 성공했음은 외면의 포장만으로 드러나지 않는다는 것을 꼭 기억하기를 바란다. 어차피 내면이 단단하지 않으면 진품도 가품처럼 보이지 않겠는가?

박절해도 거절해야 할 것

'전 금메달리스트가 남장여자인 연인에게서 받은 수많은 명품과 고급 외제 차의 SNS 인증샷들', '명품 업계 VVIP의 150억 다단계 금융사기 실체와 명품 중고 거래', '명품 구매 대행 사기 사건과 그로 인한 수많은 피해자 양산'

명품과 관련된 범죄 기사는 끊임없이 계속된다.

내 돈으로 사기엔 너무 비싸지만 누군가가 거저 준다면 받고 싶은 선물이 있는가?

"오늘이 제일 싸다"는 명품은 싸다는 표현도, 저렴하다는 표현도 어울리지 않는다. 그냥 "오늘도 비싸다. 그러나 내일은 더 비싸다" 이 표현이 맞지 않을까? 그러니 누군가가 준다면 꼭 한번은 받고 싶은 선물, 맞다 이왕이면 명품이면 더 좋다. 하지만, 세상에 거저는 없다. 자고로 받은 만큼 줘야 하고, 그래야 마음도 편한 법.

이유 없이 준다면 그것이 값비싼 물건이라면 더더욱 받지 말아야 하지 않을까? 대가를 기대하지 않고 준다면 그것은 진정 온정과 사랑일 테니 운이 좋을테고.

연애 시절 남편은 나에게 당시 인기 있던 브랜드의 여우 털 코트를 선물한 적이 있다. 그즈음 한 연예인이 그 황금색 코트를 연말 연예 대상 시상식에서 입고 나온 것이다. 그래서였는지 나는 괜히 그 코트를 입을 때는 시상식에 가는 것처럼 기분이 좋아지기도 했던 기억이 있다. 그런데, 생각해 보면 남편이 나에게 줬던 첫 선물은 의외로 너무 소박한 오색 형광펜 세트였다. 직장에서 처음 만난 남편은 형광펜 세트에 쪽지를 붙여 "파이팅"이라며 순수 청년미로 다가왔었다. 기억을 더듬어 보니, 나는 피식하고 웃으며 옆 팀원들에게 형광펜을 하나씩 나누어 주었고, 아마도 "이게 뭐야?"하는 반응이었던 것 같다. 그래서였나? 남편은 연애 초기 나에게 꽤 많은 돈을 쓴 거 같다. 커플 향수, 커플 링, 커플 티셔츠 등 다 커플 아이템이었는데, 그 선물들에 부담이 계속 쌓였던 나는 남편의 진급에

"이 때다." 싶어 백화점으로 달려갔다. 정확히 기억하는 것은 20여 년 전 당시 이십 만원이 훌쩍 넘는 넥타이를 모 명품 브랜드에서 손을 벌벌 떨며 "이거 내 정장 한 벌 값보다 비싸네?" 하며 구입했다. 명품 브랜드의 로고가 새겨진 기다란 쇼핑백마저도 그저 고급스럽던 그 넥타이는 빚을 갚은 느낌을 줬던 추억의 선물 중 하나가 되었고, 9년의 연애를 끝내고 남편과 나는 결혼에 골인했기에 그 모든 물건은 그저 우리의 연애 증표로 남게 되었다.

그리고 결혼 후, 첫째를 낳은 뒤 어느 날 남편이 고가의 명품 가방을 사 왔는데, 나는 이런 걸 왜 샀냐고, 당장 환불하라고 소리쳤지만, 그때의 심정은 이제 "네 돈이 내 돈이고 내 돈도 내 돈이기에." 그랬으리라. 생각해 보면 참 우스운 추억이다.

여전히 환불하지 않은 그 백은 요즘도 잘 들고 다닌다. 이건 결국 내돈내산이 된 셈이니 빚진 건 아닌 해피엔딩일까?

2030 연애를 하는 이들이여~! 사랑한다면 줘도 된다. 받아도 된다. 그러나, 적어도 헤어진 후 돌려주고, 받고 하는 뒤끝은 없어야 하지 않을까? 그녀와 사귀는 동안 내가 얼마를 탕진했고, 얼마의 빚을 졌다는 그런 얘기를 주변인들에게 하는 참 비굴한 남자도 보았었다.

당사자인 그녀는 코웃음을 치며 "누가 달랬나?"라고 하겠지만, 둘의 문제는 둘만이 알기에 뭐라 언급하긴 곤란하고, 결론은 안 주고 안 받으면 되는 것이다.

고물가 시대 경기 불안이 지속되고 있는 현실 속에서 굳이 언박싱 인증샷을 남기는 누군가를 부러워하며, 나는 왜 저런 걸 주는 사람도 없을까 하며 신세 한탄할 필요는 없다.

요즘 세상에 월세와 생활비도 **빡빡한** 현실을 산다는 건 누구나 알고 있으니, 누군가의 명품인증, 오마카세, 골프 여행, 풀빌라, 해외여행에 부러워하지 말라. 그들의 그런 화려함은 인생의 아주 작은 일부분이며 절대 전부는 아니다. 한쪽에선 지지리 궁상 소릴 들으면서도 짠테크 전략을 세우고 있고, 다른 한쪽에서는 명품을 구매하기 위해 오픈런을 달리는 세상. 하지만 중요한 것은, 자신이 가진 만큼으로도 만족하며 살아가는 것이다. 다만, 그 만족에 안주하지 말고, 더 나은 삶을 위해 끊임없이 노력하며, 열정을 다해 살아가야 한다.

잘 보이기 위한 과소비와 과대포장, 그 모든 것은 인생을 살다 보면 참 부질없다. 내 만족과 마음 편한 만큼 좋은 건 없으리라. 왜 받았는지 해명할 이유도, 전 세계적인 뉴스거리가 될 필요도, 국가의 영웅이 사기꾼의 공범으로 몰릴 이유도 없으니, 남이 주는 고급 물건은 가족이 아니라면 일단 거절하고 보자.

당당하게 '내 돈 내 산'하고 꼭 주고 싶은 사람이 있다면 다른 선물로 돌아올 것을 바라지 말며, 순수하게 마음을 가득 담은 선물을 해주길 바란다.

명품은 특히나 안 받는다고 박절하지 않음을 꼭 기억하자~!

연쇄소비로 이어지는 "디드로효과"

나는 어렸을 때부터 물건을 고르는 행위를 별로 좋아하지 않았다. 스스로 보는 눈이 없다고 생각한 것도 이유였지만, 나이가 들면서는 확고한 내 취향이 생겼기 때문에 항상 별 고민 없이 쇼핑도 초스피드로 해버린다. 심지어 결혼식 예물을 고르러 가서도 착용해 보는 것도 귀찮아했고, 웨딩드레스는 알고 지내던 샵 원장님의 추천 디자인으로 한 번에 선택했다. 아마도 오랜 시간 동안 수많은 웨딩 행사를 진행하며 보아왔기에 내 결혼식만큼은 쉽게 진행하고 싶었던 맘도 있었던 것 같다. 지나고 나서 생각해 보면 그래도 배우자 선택만은 심사숙고했던 거 같아 얼마나 다행인지.

그런 내가 결혼하기 몇 해 전 일탈의 행동을 한 적이 있다. 디자인을 보자마자 한눈에 반해 출시되는 날짜를 손꼽아 가며 기다리던 물건이 생겼는데, 그건 다름 아닌 핸드폰.

우리나라 전자 회사와 이탈리아 명품 브랜드의 합작으로 만든 핸드폰이었는데, 나는 그 핸드폰의 출시 예정 기사에서 여태 본적 없던 독특한 디자인을 보고 완전히 마음을 뺏겼다. 자고로 핸드폰은 고장이 나야만 바꾸는 기계로 생각했던 내가 출시 당일 점심시간 합정역 어느 핸드폰대리점에서 거금을 주고 구매해 설레는 마음으로 회사로 걸어갔던 기억이 난다. 한 손에 쏙 들어오는 크기와 각이 진 검은색 가죽케이스는 정말 너무나 예뻤고, 그 핸드폰은 멀쩡했던 물건을 이유 없이 바꿨던 예외의 케이스로 남아 있다.

그리고 이어, 그 핸드폰의 가죽케이스와 같은 검정 가죽으로 된 볼펜을 샀으며, 회사 다이어리가 있음에도 겉면이 가죽 소재로 된 다이어리까지 구매했다. 당시 회사에선 회의가 자주 있었는데, 늘 책상 위에 핸드폰, 볼펜, 다이어리 이 3종을 올려놓고 있으면 괜히 기분이 좋았고, 지루했던 회의도 즐거웠다. 이게 끝이 아니다. 급기야 책상 위의 테이블 깔개를 굳이 가죽 소재로 바꿨으며, 연필꽂이도 가죽으로 2개를 더 구매했다. 지금, 이 글을 쓰고 있는 키보드 아래에도 그 깔개가 깔려 있으니, 좋은 건 이렇게 오래 쓰는 건가?

하고 잠시 생각해 본다. 거의 16년 전에 산 것으로 생각하니 갑자기 제 값하네 하는 합리적인 생각마저 드는 건 그냥 기분일까? 아무튼 지나고 나서 알게 된 것이지만, 이런 현상은 나에게만 일어나는 것이 아닌 누구에게나 다 일어날 수 있는 "디드로효과"라고 한다. 하나의 물건을 구입한 후 그 물건과 어울리는 다른 제품들을 계속해서 구매하는 현상, 즉, 없으면 몰라도 구매하게 된 후는 계속해서 또 다른 지출을 하게 되는 참으로 무서운 효과다.

디드로효과는 18세기 프랑스의 철학자 드니 디드로(Denis Diderot)가 에세이 《나의 오래된 가운을 버림으로 인한 후회 Regrets on Parting with My Old Dressing Gown》에 수록한 일화에서 유래된 말이다. 디드로는 친한 친구에게서 붉은 가운을 선물 받았는데, 선물이 마음에 들어 붉은 가운을 서재에 걸어놓고 보니 서재 안의 다른 가구들이 너무 볼품없이 보였다. 가구들이 가운과 어울리지 않는다고 생각한 디드로는, 책상과 의자 등 다른 가구들을 하나씩 가운과 어울릴만한 것들로 새로 구입했고, 하나하나 구매하다 보니 서재 안의 모든 가구를 새로 들이게 되었다. 하지만 그렇게 가구들을 구매하는 데 사용한 지출은 그가 감당하기에는 부담스러운 비용이었고, 그는 예전에 낡은 가운은 철저히 자신이 주인이었는데, 선물 받은 새 가운에 대해서는 지배를 당했다고 묘사하였다.

이런 디드로효과는 효과적인 마케팅 수단이므로, 소비자가 아닌 판매자 입장에서는 당연히 좋을 수밖에 없다. 또한, 판매자가 효과를 노리지 않는다고 하더라도 우리의 심리 안에는 당연히 하나의 물건을 구매하고 나면 그 물건과 어울리는 것을 계속해서 구매해 통일성을 갖추고 싶은 마음이 일반적이다. 예를 들어 원피스를 하나 샀는데, 거기에 어울리는 구두를 사고 싶고, 구두를 샀는데, 그 구두와 통일성을 가진 가방을 들고 싶은 거다. 명품은 그런 소비자의 욕구를 극대화할 수밖에 없다. 명품 가방을 들었다면 보세 옷이 어울리지 않다고 느낄 것이며, 좋은 차를 탄다면 차에 어울리는 옷과 신발을 신고 싶을 것이다. 좋은 차를 타면 길거리 카페가 아닌 고급 바나 커피숍에 가야 널찍한 주차장에 안전하게 주차할 수 있는 건 누구나 다 생각할 수 있는 사실이다.

실제로 모 명품 브랜드는 매년 시즌 상품으로 같은 디자인의 가방과 옷, 신발, 지갑 등을 출시하고 있다. 이 전략은 해당 브랜드의 통일된 스타일을 경험할 수 있게 하는 확실한 디드로효과인 것이다. 이 밖에도 많은 브랜드는 시즌 상품과 로고를 이용하여 더욱더 가지고 싶게 하는 욕구를 자극한다. 내가 경험했던 핸드폰의 디드로효과처럼 소비가 소비를 만드는 것은 누구나 겪을 수 있다. 그러나 문제는 타인의 시선을 의식한 허세로 지출을 늘려 나간다면 그것은 분명 부정적인 문제가 생길 수밖에 없다.

우리가 빠지지 말아야 할 것은 자신의 경제적인 상황을 고려한 소비와 계획된 소비 습관으로 비합리적인 소비를 해서는 안 된다는 것이다. 특히, 내면의 자존감을 가리기 위해 겉을 치장해 나가는 것은 방패와 무기를 하나하나 장착해 나가는 것과 다를 바가 없다. 물건에 대한 욕구가 높은 사람의 상당수는 내면의 결핍이 있으므로, 속부터 단단히 채워야 함을 기억하자. 한번 빠지면 쉽게 빠져 버리는 소유욕과 소비욕은 결국 더한 결핍을 가져올 수 있기에 하나를 구매할 때도 디드로효과를 생각하면서 자제할 수 있는 맘을 다지고 구매했으면 좋겠다. 또한, 남이 가졌으니 나도 가져야지 하는 맘으로 시작했다가는 감당할 수 없는 큰 소비의 늪으로 빠질 수도 있기에 특히나 명품에 대한 소비는 자신이 감당할 만한 선에서 반드시 진행해야 함을 잊지 말자.

제2장

포장과 가면보다 가장 필요한 건 "나의 본질"

성공의 재정의

인간은 누구나 성공을 갈망한다. 성공을 통해 이루어 내는 결과물은 고소득, 높은 직위, 사회적 인정 등 일반적으로는 외적인 요소들로 성공은 정의되어 왔다. 즉, 보이는 모습을 통해 성공의 여부를 판단하는 것이다. 좋은 차, 좋은 집, 좋은 가방 등은 성공한 사람을 가리기에 아주 쉬운 기준이 되며, 실제로 그런 요소들은 성공의 엄청난 동기부여가 되기도 한다. 목표를 가지게 하며, 포기하거나 좌절하지 않고, 나아가게 만드는 원동력이 되는 것인데, 목표 달성을 위한 좋은 방안 중의 하나는 그 목표를 달성했을 때, 즉 성공했을 때의 모습을 상상하는 것이다.

가장 건강한 상상은 다이어트 후의 자신의 모습을 상상하며 입고 싶었던 예쁜 원피스가 몸에 딱 들어맞는 모습을 떠올리는 것인데, 대부분은 좋은 차를 타고, 좋은 집에서 살고, 비싼 가방을 들고, 멋진 이성을 만나는 등 외적인 요소들이 매우 많다. 사실 상상 그 자체만으로도 즐겁고 행복한 것은 누구나 똑같지 않을까?

그러나, 외적인 요소들을 다 이루었다고 그것을 성공이라고 할 수 있을까? 인간은 개인의 행복감과 내적인 충족이 없이는 살 수 없다. 각자가 가지고 있는 가치관과 삶의 목적은 보이는 물질과 겉의 포장만으로는 절대 채울 수 없기에 아무리 허세를 부려보아도 채워지지 않는 내면의 행복은 사람을 불행하게 만들 뿐이다.

누가 보아도 성공한 사람이, 스스로 생을 마감하는 것은 진정한 성공을 이루지 못했기 때문이니, 성공을 정의하기 위해서는 개인이 가진 가치관을 절대로 간과해서는 안 된다.

나는 아버지의 그랜저를 기억한다.

잘 나가던 젊은 시절을 보내던 아버지는 건축업을 하시다가 크게 실패하시고, 한동안 매우 힘든 시간을 보내셨다. 그리고 다시 집안이 안정을 찾을 즈음, 당시 새로 나왔던 뉴그랜저를 뽑으시고는 몇 달 타지도 못하시고 병으로 세상을 떠나셨다. 주인을 잃고 집 앞에 세워져 있던 먼지가 내려앉은 그 차를 볼 때마다 나는 허탈감과 슬픔에 화가 치밀어 오르기도 했다. 어쩌면 내가 자동차에 관심이 없는 것은 이때부터인 듯하다.

성공은 단순히 물질과 부의 축적만으로 이룰 수 없다.

성공해서 큰 부를 이루었든, 성공하진 못했지만 성공한 느낌을 가지기 위해 허세를 가득 부리고, 타인의 시선에 으쓱해진다고 하더라도, 인간관계 안에서 오는 행복감과 사랑, 자신의 기준에 맞는 만족감이 없이는 진정한 성공이라고 말하면 안 된다.

인생을 살다 보면 삶의 행복은 아무 일도 일어나지 않은 평범한 어느 날, 카페에서 마시는 커피 한 잔으로도 느낄 수 있으며, 커피 옆에 책 한 권이 있다면 몇 배의 큰 행복도 느낄 수 있다. 또한, 건강을 잃고 보면 내 몸뚱아리 하나만 멀쩡해도 크나큰 행복이라는 것을 느끼게 되며, 멋진 옷을 입고, 화려한 장신구를 하고, 고급 시계를 차고, 허세 가득한 모습으로 걷지 않아도 후줄근한 운동복의 나 자체의 존재만으로도 감사하고 행복해질 수 있다.

당신이 생각하는 진정한 성공은 무엇인가? 우리는 더 깊고 진실한 '내일'을 살기 위해서라도 자신만의 성공 기준을 생각해 보자.

나만의 아우라를 찾아서

한때 나의 별명은 민망하게도 "포스 100단"이었다.

force? 어감에서부터 좋은 느낌은 아니다. 보통 포스라는 단어는 위압감을 느끼거나 카리스마 같은 강렬한 느낌을 받을 때 쓰지 않는가? 나는 어떤 영화에 등장하는 사감 선생처럼 뿔테안경을 쓰고 긴 막대기를 들고 다니지도 않았고, 남자 군인들 사이에서 강인한 정신력으로 부대를 지휘하는 여군도 아니었는데, 별명이 포스 100단이 되어버렸다.

이 별명은 당시 함께 일했던 직원의 실언 또는 농담 같은 진담에서 시작되었는데, 그 직원은 해병대를 전역한 태권도와 유도 및 이런저런 단증을 한참 보유했던 유단자여서 100단이라는 말에 나는

"이것은 디스구나." 하며 살짝 기분이 나빴었다.

돌이켜보면 그런 나의 이미지는 자의 반 타의 반으로 만들어진 것인데, 서비스 직업 특정상 정장 착용과 풀메이크업은 기본이며, 비슷한 연령대나 나보다 나이가 많은 직원들의 관리 업무에는 강한 인상과 카리스마가 필요했었다. 그렇게 포스 100단의 삶을 살았던 나는 지금은 과연 몇 단 일까? 화장기라고는 전혀 찾아볼 수 없는 맨얼굴, 눈썹은 정리가 되어 있지 않으며, 심지어 도수가 높은 안경을 착용했고, 뿌염을 하러 갈 때가 되었는지 얼룩덜룩한 머리 가운데엔 하얀 새치도 하나씩 보이는 딱 40대 아줌마의 모습을 하고 있다. 10단 아니, 5단도 못 되지 않을까?

그럼에도 특이한 점은, 이런 자연인에 가까운 모습인 현재도 여전히 듣는 말은 똑같다.

간혹 헬스장에서 만난 동네 주민이나, 아이들의 친구 엄마는 어느 정도 친해진 뒤 어김없이 나에게 꼭 하는 말이 있다. "언니는 쉽게 다가가기 힘들었다. 첫인상이 강렬하다. 포스가 남다르다." 사실 이런 말들은 평생 들어 왔기에 나에겐 특별할 게 없다. 다만, 이 상황에서 기억해야 할 점은 사람은 많이 꾸미거나 아예 꾸미지 않아도 그 사람에서 나는 고유의 분위기는 특별히 다르지 않다는 사실을 알아야 한다.

　그것은 바로 '아우라'라고 부르는데, 어떤 사람 또는 사물에서 느껴지는 독특한 분위기나 패션의 스타일에서 오는 분위기를 설명할 때도 쓰지만, 스타일과 분위기가 아닌 그 자체의 특별한 기운과 느낌을 나타내기도 한다. 어떻게 보면 영적인 느낌을 나타내는 것 같기도 하며, 그 사람의 감정, 성격, 혹은 현재의 심리상태를 나타내는 표현으로도 '아우라'는 사용된다. 즉, 사람에게서 뿜어져 나오는 에너지, 내면에서 나오는 그 사람만의 고고한 분위기인 것이다.

　명품과 고가의 물건이 사람의 분위기를 압도할 수는 없다. 물론, 재력을 가늠하게 하며, 사회적인 위치를 예측할 수 있지만, 그 사람이 가진 사고방식과 생각은 허세의 포장으로는 다 표현할 수가 없으며 눈빛과 몸짓은 비싼 옷을 입든 시장의 옷을 입든 사람 자체의 느낌은 크게 변하지 않는다. 기억하는가? 연예인들의 연예인으로 불리는 모 가수가 동묘시장에서 구제 옷을 입고도 어마어마한 아우라를 뿜어냈고, 한때 많은 사람들은 동묘시장으로 몰려갔다. 90년대 한국 사회를 떠들썩하게 했던 탈옥수가 경찰에 연행되면서 입었던 모 명품의 가품 티셔츠는 잘생긴 외모에도 촌스러움의

극치였으며, 영화 속 건달들이 일수 가방처럼 겨드랑이에 명품 가방을 끼고 다니는 모습도 그리 고급스럽지는 않다. 명품으로 온몸을 치장하고 등장한 영화 속 오락실사장인 건달은 어떤 아우라를 뿜어내고 있었는지 생각해보라.

모든 사람은 다 똑같다.

누구나 똑같이 눈, 코, 입, 팔 두 개, 다리 두 개가 있지만, 사람 본연의 느낌은 다르며, 키가 크고 작고의 문제가 아닌 내면에서 우러나오는 분위기는 본인이 만드는 것이다.

외면의 분위기는 내면에서 나오는 것임을 잊지 말자. 비싼 것으로 아무리 포장하고 꾸민들 인간 자체가 명품은 될 수 없으며, 그저 명품만이 빛날 뿐, 사람은 빛나지 않을 것이다.

내가 어떤 사람인지에 따라 명품도 진품으로 빛이 나는 것이며, 싸구려 짝퉁 같아 보일 수도 있음을 알고, 내 개인의 개성을 잘 살릴 수 있는 나만의 색깔을 잘 찾아가길 바란다.

그러기 위해 긍정적인 마음과 자기수용, 올바른 정신은 필수임을 기억하고, 자기 내면에 들어있는 추구하는 가치와 삶에 대한 목표를 잘 정립하자.

어떤 옷을 입어도 당신은 당신이다. 어떤 가방을 들어도 당신은 여전히 당신이다.

그러니, 당신이 자신만의 철학과 마인드를 정립하여, 내면의 모습을 밖으로도 뿜어낼 수 있도록 자신만의 아우라를 만들어보자.

겉모습의 허상

"뚝배기보다 장맛"이라는 말이 있다. 겉모습에 집착하지 말고, 내면과 본질이 더 중요하다는 의미가 있는 이 말은 내가 정말 많이 했던 말 중에 하나다. 그러나, 이 말에 꼭 덧붙인 말이 있었다. "이제는 장맛을 홍보하기 위해 뚝배기도 바꾸는 시대이니, 사회생활에서는 적당한 이미지관리가 필요하다"라고. 내가 했던 이미지메이킹 교육의 어프로치인데, 사실 틀린 말은 아니지 않는가?

그런데 현재는 사람들의 일상에 가장 큰 영향을 주는 소셜미디어로 인해 외모지상주의를 부추기고 있으며, 더 예쁘고, 더 멋있는 것을 뛰어넘어 더 자극적이고, 더 독특해서 시선을 끌어야만 남들의 관심을 받을 수 있는 시대 '외모 과잉 시대'가 되었다. 겉모습을 통해 타인에게 받는 관심은 곧 재력이 되고, 그 재력이 곧 신분이 되는 사회에 우리는 살고 있기 때문이다. 그러다 보니, 겉모습에 치중하여 진실을 왜곡하고 개인에게 또는 사회적으로 수많은 문제점도 야기한다. 분명 좋은 이미지는 대인관계 지수를 상승시키며, 그것은 곧 사회적인 성공과도 직결이 되니 이미지관리는 사회생활에 필수 요건 중 하나이지만, 단순히 외모에 대한 부분이 아닌, 허세와 과시에 대한 문제도 사회적인 논쟁의 중심에 서기에 충분하다.

세일즈맨은 고객들로 하여금 신뢰를 얻기 위해 성과가 많은 것처럼 바쁜 척을 한다거나, 더 큰 결과를 낸 거처럼 실적을 부풀리기도 한다. 그 정도의 포장은 "장맛을 홍보하기 위해 그럴싸한 뚝배기로 바꾸어라."와 비슷한 느낌이긴 하지만, 종사하는 업종에서 성과를 잘 낼만큼 충분한 전문 지식을 쌓거나, 고객들이 이해하기 쉽게 설명할 수 있는 브리핑역량도 가지지 못한 채 겉모습부터 포장하는 것은 '과유불급' 아니겠는가?

실제로 자신의 경제력에는 버거운 비싼 자동차를 타는 영업사원을 주변에서 한번은 본 적 있을 것이다. 비싼 정장을 입는 다거나, 인맥 확장을 위한 사교모임 참여를 하기도 한다. 옛말에 유유상종이라 하였으니, 겉모습만으로 갑자기 성공한 사람으로 인정받기엔 세상 사람들도 다 보는 눈이 있다.

왜냐하면 실제로 이 글의 내용처럼 최근 소셜미디어에선 상당히 쟁점이 되는 논쟁이 일었던 적이 있다. 많은 이들에게 부러움과 선망의 대상이었던 한 성공한 사업가가 포르쉐를 샀다며 인증하였으나, 그것이 중고라는 둥 대여해서 사진을 찍고 반납했다는 둥 여러 가지 의혹으로 이슈가 되었다. 그 차가 당신 차가 맞느냐? 맞다면 다시 인증해라. 중고가 아니냐? 등 그게 뭐가 중요할까 싶다가도, 성공에 부러움을 가지던 이들이 가짜 성공에 배신감을 느껴 진실을 요구하는 것이니 나 또한 진실이 궁금해지게 되는 특이한 이슈였다.

많은 사람들이 겉모습만 보고 일단 믿어 버린다. 좋은 차, 좋은 옷, 좋은 가방과 예쁜 얼굴, 몸매, 등 시각적인 이슈들은 그 사람의 본질을 가려버리기 딱 좋은 요소들이니, 이에 따라 발생하는 각종 문제점은 수도 없이 많을 수밖에 없다.

겉모습에 현혹되어 사기를 당한 피해자가 "피의자의 모습은 그렇게 나쁜 사람 같지 않았다."라고 하는 인터뷰를 한번은 본 적 있을 것이다. 외모가 매력적이라고 해서 그 사람이 유능하고, 신뢰할 수 있는 것도 아니며, 겉모습이 후줄근하다고 해서 무조건 이상한 사람도 아니다. 그래서, 우리는 사람을 잘 보는 눈을 길러야 한다. 겉모습만으로 사람을 판단했을 때 어떤 문제가 있는지를 좀 더 일찍 알게 된다면, 아마도 인생을 훨씬 더 멋지게 살 수 있지 않을까? 장맛을 돋보이게 하기 위해 뚝배기를 바꿔야 한다는 말과 함께 나는 꼭 이렇게 마무리했다. "이미지는 단순히 겉모습인 보이는 것만이 아니다. 외모나 옷차림 등의 겉모습과, 보이는 것은 아니지만 그 사람의 언어, 철학, 자신에 대한 애정과 사랑이 합해져서 만들어내는 것이 이미지다. 아무리 예쁜 사람도 그 사람의 철학과 인성을 보여주는 언어에 따라 세상에서 가장 못생긴 사람이 될 수도 있음을 알아야 한다."라고

겉모습의 허상으로 인해 실수하지 않기 위해서는 첫인상만으로 성급하게 사람을 판단하지 말자. 사람의 외모나 스타일은 그 사람의 성격, 가치관과는 무관할 수도 있다는 것을 기억하자. 되돌아보면 나는 나조차도 강한 인상으로 인해 사람들에게 편견과 차별을 받은 적이 있음에도 나 또한 실수한 적이 있다. 나이가 들어가면서 외적인 모습만 보고 사람을 판단할 경우 내면의 진심을 인지하지 못해서 오해나 착각을 할 수도 있다는 것을 깨달았고, 그 사람의 내면의 멋을 알고 나서는 미안한 맘이 들었던 경험이 있다. 그런데

미안함에서 그치지 않고 잘못된 선입견으로 인해 인간관계가 왜곡되거나 그로 인한 사업적인 손실을 겪게 된다면 어떨까? 정말 크게 후회하지 않을까?

물질적인 아름다움과 화려함은 우리를 유혹하지만, 진정한 내면의 깊이와 진실이 더욱 중요함을 알자. 겉모습의 허상은 일시적인 매력일 뿐, 우리가 진정으로 소중히 여겨야 할 것은 마음의 진실함과 진정한 이해이다. 결국, 우리는 겉으로 드러나는 것이 아닌, 각자의 내면에서 피어나는 아름다움을 찾아야 한다. 겉모습이 아닌 우리 각자의 이야기를 통해 세상을 비추는 빛을 만들어 나가는 것이 진정한 삶의 의미임을 알고 허상의 덫에 빠지지 말고, 허세의 삶도 부러워하지 말자.

타인이 보는 나의 모습

자신의 목소리를 녹음해서 들어 본 적이 있는가? 나는 연극영화과 입시를 준비하던 시절, 독백 대사인 모놀로그를 녹음하여 들어 보는 수업 시간에, 처음으로 녹음 된 내 목소리를 듣고 민망함과 어색함에 닭살이 돋았던 기억이 있다. 자신의 목소리를 녹음해서 들어 봤던 사람은 알겠지만, 내가 말하면서 듣는 내 목소리는 타인이 듣는 내 목소리와 확실한 차이가 있다.

그리고, 이와 비슷한 차이가 또 있다. 바로 타인이 보는 나와 내가 아는 나의 차이다. 타인은 내가 보여주는 모습만 보기 때문에 진정한 내 모습을 알기는 매우 어렵다. 아무리 가까운 사람이라 할

지라도 나의 진짜 모습은 내가 가장 잘 알 수밖에 없으며 타인은 그들의 주관적인 경험과 시각에 따라 형성된 이미지에 나를 투영하여 평가하기에 나에 대한 진실된 모습을 알기란 정말 쉽지가 않다.

타인의 시선을 생각하지 않고 살 수 없는 세상, 혼자 무인도에 뚝 떨어져 날아가는 갈매기의 시선을 의식하고 살지 않는 한 우리는 사람들 사이에서 늘 의식하고 살아가야 한다.

그리고 환경에 적응하며 배려하며 세상 속에 나를 잘 어울리게 만들기도 하고, 내가 더 돋보이게 만들기도 하며, 내 존재를 잘 인식시키며 사는 것이 삶의 성공과 행복으로 가는 방법이 아닐까? 그러나, 참 어려운 것은 타인이 보는 나에 지나치게 신경을 쓰게 되는 오류를 범하기 마련이며 친구, 부모님, 이성, 뿐만 아니라 한 번도 실제로 본 적 없는 소셜미디어의 불특정 다수의 시선까지도 우리는 의식하며 살고 있다.

사람은 자신의 존재에 대한 정의가 덜 될수록 타인의 시선에 민감하게 의식하는 경향이 있고, 자신의 존재에 대한 정의가 덜 되었기에 타인의 시점에 나를 맞추고, 잘 보이려 한다.

좀 더 좋은 사람, 좀 더 멋진 사람으로 보이고 싶은 욕망은 과소비와 허세를 부추기기도 하며, 때로는 거짓의 가면을 쓰고, 되돌릴 수 없는 잘못을 저지르기도 한다.

핸드폰의 보정 앱을 한번 쓰면 다시 앱 없는 사진을 찍기가 힘든 것처럼 한번 빠지면 헤어나기가 참 힘든 중독, 또는 수렁, 늪 같은 것 말이다. 그렇게 타인에게 포장한 모습을 보여주기 시작하면 진정한 인간관계를 맺을 수 있을까? 진실의 내가 아닌 거짓된 나의 모습을 좋아하는 사람과 진정성 있는 관계는 맺을 수 있을까? 시간이 많이 흐르면 흐를수록 진실의 관계에서 멀어지기만 할 것이다.

언젠가 누군가가 나를 잘 안다는 듯이 이런 말을 한 적이 있다. "전형적인 외강내유형이지 않습니까?"라고. 순간 흠칫 놀랐지만, 부정할 수가 없었다. 치열한 사회생활에서 살아남기 위해 강한 척, 센 척을 그렇게나 많이 하였으나 들켜버린 것이다. 나름 포장한다고 포장했으나, 꽤 오랜 기간 가까이에서 함께한 그 직원은 나의 진짜 모습도 알아차린 것이다.

타인의 시선을 의식해 꾸미고, 가려도 함께한 시간과 깊이가 깊어질수록 나의 진짜 모습은 들킨다. 아무리 가리고 꾸미고 해봤자, 나는 나인 것을.

내가 아는 완전한 나의 모습은 나만 알 뿐이지만, 피하고 싶고 외면하고 싶어도 진실된 나의 모습은 누군가는 알아볼 수밖에 없다.

자신을 받아들이고 타인이 보는 나의 모습을 너무 꾸미지 말자. 강한 척, 잘난 척, 있는 척, 허세와 과시는 언젠가는 누군가에게는 들킨다.

타인이 보는 나의 모습 말고 내가 아는 나의 모습에 더 집중하는 삶을 살아가자.

변화하는 시대, 변하지 않는 가치 = 나

세상은 끊임없이 변화한다. 기술은 날로 발전하고, 사람들의 가치관과 삶의 방식도 너무나 빠른 속도로 변하고 있다. 나는 디지털과 아날로그를 모두 경험하고 개인의 자유와 독립을 중시하는 X세대로서 디지털 혁명을 절실히 적응해 온 자부심 가득한 세대인데, 지금은 인공지능과 AI를 자연스럽게 활용하는 알파(Alpha) 세대의 자식을 두고, 아이들의 친구 엄마인 Z세대와 사회에선 MZ세대를 상대해야 하는 어려운 환경에 처해있다. 이렇게 나열하고 보니 더 버겁게만 느껴지지만, 이것이 현실이다.

20대부터 40대 중반까지 누구보다 열정적으로 일을 해왔던 나이기에 변화의 속도에 맞춰가며 그렇게 따라왔지만, 요즘 나는 더더욱 생각하게 된다. 이런 변화 속에서도 나는 여전히 나다. 아니, 나는 여전히 변하지 않는 내가 되고 싶다. 세상이 아무리 빠르게 변화하고, 나의 환경이나 조건이 달라져도 내 안에는 변하지 않는 '본질'이 있지 않은가? 수없이 변화하는 환경 속에서도 잃지 않으려고 잡고 있었던 나, 때로는 나를 조금씩 바꾸기도 했지만, 그런데도 나는 여전히 내 본질은 변하지 않으려 노력해 왔다.

변화가 두려운 것은 아니다. 인생은 변화 속에서 가장 빠르게 잘 적응하는 사람들이 성공하는 것 아닌가? 짧다면 짧고 길다면 긴 거의 반백의 삶을 살아오면서 누구보다 많은 역경과 고난이 있었지만 나는 그때마다 상황에 변화하며 살아왔다. 어쩌면 내 나이쯤 살아온 40대 후반의 많은 사람들도 나와 같이 생각하지 않을까? 그 많은 변화를 다 겪으며 대견하게 잘 살아왔다고.

세상이 바뀌는 속도에 따라 새로운 기술이나 트렌드, 정보의 흐름은 더 이상 두려움이 아니기에 온전히 받아들여야 하지만, 시대가 바뀌어도 인간으로서 가지는 가장 기본 도리와 마음은 중요하다. 내가 타인을 대하는 방식, 내가 세상과 소통하는 방식은 솔직함인데 되돌아보니 때로는 상처가 된 적도, 오해를 받을 만도 했었던 거 같다. 표현 방식의 문제는 스스로 깨달으며 변화해 왔고 나의 신념은 변함이 없다. 사랑, 존중, 믿음, 책임감, 진리와 같은 인간으로 태어나 인간으로 살아가기 위해 기본적으로 지켜야 하는 것들을 나는 앞으로도 꼭 지키며 살 것이다. 함께 하는 이들에 대한 사랑은 진실했고, 믿었고, 책임감을 가졌고, 믿었기에 쓰라리게 느꼈던 배신의 순간들도 있었지만, 나는 여전히 후회하지 않는다.

돈보다 중요한 건 관계에서 오는 사랑과 행복임을, 보이는 것의 가치보다 보이지 않는 것이 더 중요함을, 겉보다 속이 중요하다는 내면의 중요성을 나는 앞으로도 지키고 살 것이다. 적어도 나는 나로서 나만의 가치관과 신념을 지키려 했기에 지금도 여전히 지키고 싶은 내가 있다. 내가 잘나서도 멋져서도 아니지만 죽을 때까지 내가 나를 잘 지켜간다면 성공한 인생 아닐까? 모두에게 묻고 싶다. 변하지 않을 만큼 지키고 싶은 내가 있는지? 있다면 어떻게 지켜나갈지? 더 나은 미래와 내일을 위해 같이 지켜나가자.

제3장

내일을 위한 (준비)

현재의 '나' 똑바로 바라보기

세상이 참으로 좋아졌다. 메이크업 앱으로 셀카를 찍으면 쌩얼도 금세 풀메이크업이 되고, 자동보정 기능은 추남 추녀를 1초 만에 미남미녀로 성형해 준다. 언젠가부터 앱을 쓰지 않고 셀카를 찍으면 바로 지워버리고 싶어졌는데, 분명 거울 속의 내 모습은 가장 나다운 모습이지만 요즘 나는 내 얼굴이 맘에 들지 않는다. 예뻤다고 하면 지나칠까? 나에게도 젊음 자체로도 예뻤던 시절이 있었고, 많은 이들에게 추앙받고 빛나던 시절도 있었다. 남들보다 좀 더 많은 돈을 벌 땐 직급의 무게와 책임감으로 힘든 적도 있었지만, 내 스스로 자화자찬하며 거만을 떨었던 그 시절을 생각하면 왠지 부끄럽기도 하고 대견하기도 하다. 사실 몇 년도 채 지나지 않은 일들이지만 나에게 그 순간들은 젊음과 성공의 모습으로 자부심과 좋은 추억으로 남아있다.

현재는? 대한민국에서 가장 흔한 40대 후반의 두 아이의 엄마, 전업주부, 아줌마인 나는 또래보단 관리 잘한 몸매와 나이보다는 동안이라는 그나마 긍정적인 주변의 평가를 듣지만, 웃으면 주름이 활짝 피는 어쩔 수 없는 40대 여자다.

내 나이 35살, 38살에 낳은 두 딸은 앞으로 한참은 더 키워야 제 앞가림을 할 것이고, 24살에 만난 뽀얗지만 늠름했던 전남친인 내 남편은 같이 늙어가고 있으니, 세월이 참 무상하기만 하다. 지나온 시간보다 앞으로 갈 길이 먼 것이 나의 현재 모습이기에 아이들이 잘 자라주기를 우리 부부 건강하기만을 바라고 오늘도 평범하게 그렇게 하루를 보내고 있다.

지금이 우울하냐고? 이렇게 현재의 나를 생각하다 보면 과거의 내가 떠오르기에 '과거엔 잘 나갔는데, 과거엔 예뻤는데'와 같은 생각이 떠오르지만, 과거의 나와 현재의 나는 분명히 다르기 때문에 지금의 나를 비판하고 싶지는 않다. 그리고, 나는 보고 싶지 않은 앱 없는 셀카 사진과는 달리 현재의 나에 대해서는 만족한다.

그때 참 좋았지? 하고 생각나는 많은 날이 있지만, 돌아가고 싶다거나, 지금이 초라하진 않으니, 적어도 현재의 나를 그대로 잘 받아들이고 있는 게 아닐까? 나는 내가 지금의 나를 온전히 받아들일 수 있는 이유를 분명히 알고 있다. 어쩌면 내가 이 책을 쓸 용기는 이 하나의 이유가 있기에 가능했을지 모른다.

"나는 현재 내 인생에 후회와 미련이 없다."
단 한 번도 열심히 살지 않은 적이 없었고, 매 순간을 그대로 받아들이고, 그 상황에서 최선을 다했기 때문에 이렇게 말할 수 있다. 큰 성공을 이룬 사람들처럼 얼마를 벌었고, 현재 어디서 살고 있으며, 무슨 차를 타고 있다는 인증을 하지는 못하겠지만, 미련이 없을 만큼 열심히 살았다는 것만큼 더 큰 성공은 없지 않을까?
성신여대 앞 반지하에 살던 시절 빗물이 들어와 전기장판에 감전되어 죽을 뻔한 사연, 강남역의 고시텔에서의 1달간의 악몽 같은 시간, 아현동 2층 월세방에 살 때는 문 하나 사이로 들리는 2층 주인집 식구들이 웃는 소리에 혼자 눈물을 흘렸던 적도 있었다. 그런 나의 모습은 정말 기생충의 한 장면과 다르지 않았고, 과거에 잘 나갔던 나의 모습 속 어딘가에는 이런 나의 모습도 있으니, 추앙받던 기억들과 성공의 순간 모두 과거라는 이름으로 나에겐 지나간 추억일 뿐이다.

우리는 일상에서 많은 감정과 생각들이 일어난다. 기쁨, 슬픔, 불안, 분노, 사랑 등 다양한 감정들이 우리의 마음속에서 흔들리고, 때로는 이 감정들이 우리를 혼란스럽게도 한다. 그러나, 중요한 것은 이 감정들을 부정하거나 억누르지 않고 정확하게 인식하는 것이다. 그럴 때는 "왜 나는 지금 불안한가? 왜 지금 이런 감정이 드는 걸까?"하는 질문을 스스로 던져보는 것이 중요하다. 그리고 그 감정을 알아차리고 이해하는 순간, 더 나은 결정을 내릴 수 있다. 그것은 현재의 나를 정확히 알아차리는 매우 중요한 순간이다.

그렇게 현재를 계속 살아간다면 그때그때의 나에게 가장 적합한 방식으로 삶을 살아갈 수 있다. 바로 그것이 "내가 주인이 되는 삶"이며 삶의 주인이 나이기에 어떤 상황에서도 버리지 않게 되는 이유가 된다.

화려한 과거에 묶여 오늘의 초라함을 느끼던, 미래의 허상에서 벗어나지 못하고, 현재를 대강 살아간다면 절대 원하는 자신의 삶을 살 수 없다. 가끔 떠오르는 좋은 시절은 그냥 미소를 짓고 말자. 정말 궁상맞게 힘들었던 과거가 떠오르면 역시 인상 한 번 짓고 말

자. 중요한 것은 지금! 현재!

　현재의 '나'를 똑바로 바라본다는 것은 자신을 있는 그대로 인정하고 나의 감정과 생각을 진지하게 탐구하며, 과거에 얽매이지 않고 내가 지금 할 수 있는 최선의 선택인 것이다. 현재는 미래의 과거이며, 언젠가 시간이 지나고 나서 후회할지 칭찬할지는 지금의 내가 어떻게 하느냐에 따라 달라질 것임을 꼭 기억하자.

성공 제1법칙, 부정적인 사람은 꼭 멀리할 것

20대 후반쯤이었다. 평일 저녁 퇴근 후 허겁지겁 강남의 작은 강연장에 도착했다. 하필 지하였던 그 강연장 1층은 삼겹살집이었는데, 그날 스치며 맡았던 삼겹살의 고소함과 배고픔은 아직도 잊혀지지가 않는다. 그 시절 나는 사회생활에서 성공하기 위해 모든 열정을 쏟았고, 그날은 좋아하는 작가님의 출간기념회에 참석했던 상황이었다. 금요일 저녁을 김밥 한 줄로 배를 채우고 강연회장에 들어갔기에 사실 피곤함에 지쳐 있었다. 인생의 성공 법칙에 관한 책의 내용을 알차게 듣고 저자에게 질문하는 시간이 왔을 때 나는 손을 번쩍 들었다. "교수님~! 너무도 좋은 말씀에 느끼는 바가 크고 공감하지 않을 수 없으나, 근데 너무 많아요! 그래서 저 많은 성공 법칙 중에 제일 중요한 한 가지나, 아니면 한마디로 줄이면 뭐라고 얘기해주실 수 있는지요?" 웬 땡깡인가 싶지만, 진심으로 나는 궁금했고, 듣고 싶었다.

내 질문에 작가님의 인자한 미소는 살짝 미간을 찡긋하시며 굳었고, 한 2~3초? 그 짧은 시간 동안 '음...' 하고 고민하시더니 눈을 번쩍 위로 치켜뜨시며 짧게 한마디로 말씀하셨다. "부정적인 인간을 멀리하세요~!" 순간 "아! 저 많은 성공 법칙 중 한 가지를 저렇게 답변해 주신다니!" 하며 감탄했고, 고소한 삼겹살 냄새가 상쾌한 민트향으로 변한 것처럼 마음속이 순식간에 시원해졌다. "그래! 맞아! 내가 생각했던 게 틀리지 않았구나. 어쩜 내 출발점이 정확했구나~!"

생각보다 많은 사람들은 가족에게서 행복보다 불행을 느끼기도 한다. 나 또한 그랬다. 내가 고3이었던 겨울 갑작스러운 병환에 세상을 떠나신 아빠, 언제나 아들 우선이었던 엄마 사이에, 그것도 2남 1녀 중 가운데 둘째인 나는 대학교 졸업 직전 야반도주하다시

피 서울로 상경했다. 나의 어머니는 다섯 명의 형제자매 중 첫째로 태어나 동생들에게 양보하고 희생만 하며 성장하셨는데, 40대 초반에 또 세 아이를 홀로 키워야 하는 과부가 되셨기에 그런 당신의 신세에 대한 우울함은 자녀들에게 그대로 전달되었다. 아버지가 돌아가셨던 그즈음 어머니의 나이를 넘어 내가 40대 후반이 되고 보니 이해하지 않을 수 없는 안타까움과 가여움이 있지만, 늘 엄마의 화와 부정, 우울함 밑에서 나날을 보내야 했던 20대의 나는 도저히 참을 수가 없었다. 엄마의 큰 목소리, 무서운 얼굴, 늘 한탄하는 듯한 부정적인 어조는 꿈 많은 20대 초반의 나에게 탈출을 꿈꾸게 했고, 스스로 결론 내린 건 멀리 떠나는 것만이 답이었다. 당시 KTX가 없던 시절 그렇게 나는 편지 한 통을 써놓고 서울행 새마을호를 탔다. 가방 하나 달랑 들고 서울로 상경해서 이모 댁, 친구 집, 고시원, 반지하, 월세, 전세를 거치며 결혼 전 11번의 이사를 하며 힘든 서울 생활을 하게 되었지만, 분명한 건 20대 중반에 가지게 된 나의 별명 "긍정선"은 그 힘든 시절의 내가 없었다면 존재하지 않았을 것이다.

"부정적인 인간을 멀리하라~!" 사람도 아니고 '인간'이라고 했다. 엄마는 나에게 무섭고 부정적인 사람은 확실했다. 시간이 지나고, 나이가 들면서 그 시절의 역경과 고난이 나를 성숙한 인간이 되도록 만들었다는 생각이 드는 걸 보면 사람은 본인의 상황을 어떻게 헤쳐 나가느냐에 따라 정말 다른 삶을 살 수 있는 게 분명하다. 혹시 누군가가 당신을 감정 쓰레기통으로 이용한 적은 없는가? 보통 그런 사람들과의 대화는 부정적이고 우울한 마음의 토로와 주변 사람들의 뒷담화, 혹은 자신의 우월함과 자랑이 화제가 되는데, 맞장구를 쳐주지 않거나 동조하지 않으면 이내 표정이 굳어버린다. 기분 좋게 만났어도 헤어질 때가 되면 기운이 빠지거나, 알 수 없는 찜찜함으로 개운하지 않은 그런 감정을 느낀 사람을 생각해 보라. 피곤한 몸을 이끌고 집에 들어왔는데, 편안함과 휴식은커녕 오히려 불편하고, 어색하다면 가족이라도 멀리해야 하지 않을까? 걱정이라는 말로 포장해서 "네가 그걸 할 수 있겠니?"라며 도전을 방해한다던가? 나의 자신감을 깎아내린다면 가족도 멀리하는 것이 맞다.

부정적인 사람은 가장 먼저 자신에게 부정이 많다. 그리고 가장 가까운 가족, 배우자, 혹은 자녀, 회사 동료, 상사, 친구 또는 아무 일면식도 없는 연예인, 스포츠 스타들에게도 부정적이다. 내용도 모두 다르다. 자신을 이해하지 못해서, 무능해서, 무심해서, 경기에 져서, 살이 찐듯해서, 등등 상상하지 못할 만큼 세상의 이유란 이유는 다 부정으로 찾아내니 놀라울 따름이다.

"나 다이어트해서 바디프로필 찍을 거야~!"라고 했더니, "그런 걸 목표로 하면 요요가 금방 온다."라고 했다. "우리 트레이너 선생님은 정말 잘 지도해 주신다."고 하니, "트레이너는 웬만하면 다 양아치다"라고 했으며, "그 언니 피부 정말 좋더라."고 하니 "그건 어플빨이다."라고 했다. 만나면 늘 긍정적이고 밝은 얘기가 아닌, 이렇듯 부정과 듣기 싫은 말만 퍼부어내는 동네 친구인 그녀를 나는 멀리한 경험이 있다.

근묵자흑(近墨者黑)

검은 묵을 가까이하면 검어진다. 주변에 에너지뱀파이어가 있다면 절대 가까이하지 않도록 하자! 인생 성공의 제1 법칙이자 100 법칙은 부정적인 인간을 멀리하는 것임을 기억하고, 주변을 한번 돌아보기를 바란다.

나만의 핵심 가치 찾기

　삶은 때때로 무겁고 버겁게 느껴질 때가 많다. 그리고 한없이 행복해서 그 행복이 끝날까 봐 두려워지기도 한다. 현실은 종종 예기치 않은 순간들로 힘들게도 하며, 아무것도 아닌 것에 큰 행복감을 느끼게도 하지만, 안타깝게도 누가 그랬다. "삶은 원래 고통이다." 라고. 결국 인생을 살아간다는 것은 '어려움을 잘 극복해 나가는 과정'인 것이다. 사실 이렇게 생각하면 조금 위안이 되지 않는가? 원래 힘든 것이니 이 순간도 당연하다며.

　원래 힘든 인생, 그렇다고 그냥 흘려보내기만 하기엔 너무 무책

임한 것 같고, 날마다 꾸역꾸역 살아간다는 것은 너무 고되다는 느낌이 든다. 어차피 힘든 인생이라도 한걸음, 한걸음 디디고 밟아서 나아가면 그 안에서 성취감도 행복감도 느껴지는 것이기에 우리는 그저 어디로 갈 것인지 방향부터 잘 잡으면 된다. 즉, 핵심 가치를 정하고 단순한 추상적 개념을 넘어서 행동과 선택의 방향을 만들어 놓는 것인데, 인생의 매 순간 무엇을 중요하게 여기고, 어떤 방식으로 살아가고 싶은지에 대한 나침반 같은 역할인 핵심 가치는 목표보다 우선시되어야 한다.

되돌아보니 나는 정신적 성숙과 기준이 잡히지 않았던 20대에는 단, 하나의 목표만 있었다. '성공, 부산으로 낙향하지 않겠다. 내 스스로 잘 살아가겠다.' 이 목표는 핵심 가치가 아닌 그저 성공에 대한 꿈이었다. 그러니, 미련하게도 내가 나 스스로에 대한 가여움을 느끼게 하는 순간들이 있었는데, 나이가 들고 보니 그 순간들은 그냥 열정으로만 칭찬하기엔 너무 바보 같은 행동이어서 후회가 되기도 한다. 예를 들면 거의 1년여 동안 하루도 빠짐없이 주말에도 출근했고, 일 특징상 주말 행사가 많음에도 자진해서 회사 행사를 맡아서 한다거나, 심한 기관지염으로 피를 토하면서도 득음했다며 말도 안 된 긍정으로 그 상황을 넘긴 것이다. 퇴근 후 화장을 지울 힘도 없어서 정장을 입은 채 그냥 뻗어 잔 적도 많을 만큼 나 자신에 대한 관리는 소홀한 채 날마다 그렇게 꾸역꾸역 버텼다. 물론 인정받았으며, 나에 대한 큰 자신감이 생긴 시간이었지만, 되돌아보니, 어린 나에게는 너무 가련한 느낌이 들어 열정적인 생활에 대한 후회가 아닌 어린 나에 대한 미안해짐은 지울 수가 없다.

　명성, 성공, 탁월함, 리더십 이런 것들은 아마도 나의 그 시절 핵심 가치 아니었을까? 생각하고 행동했던 것이 아닌 그저 목표만이 중요했지만, 다행히도 방향성만큼은 분명하였기에 나는 20년이 넘는 시간 동안 한길을 갈 수 있었던 것 같다. 그렇다면 지금의 나는 어떤 핵심 가치를 가지고 살고 있을까? 고민해 보니 세월의 흐름이 자연스럽게 스며든 것인지 정말 다른 가치를 추구하는 삶을 살고 있음을 알 수 있었다. 반백을 바라보는 현시점 나의 핵심 가치는 '건강, 가족, 공헌'이다. 나는 내 아이들과 남편, 가족 곁에서 오랫동안 건강하게 함께하는 것, 그리고, 현재까지 내가 살아오면서 깨닫고 느꼈던 것을 좋은 영향력으로 보여주는 것을 현재의 핵심 가치로 정했다. 그래서 이 책을 쓰기로 마음을 먹었고 용기를 냈으며, 루틴을 지키며 운동하고 건강하게 살기 위해 노력한다. 성공, 명성, 리더십과는 너무나 다른 현재의 핵심 가치는 지금의 나에게 계속해서 도전하게 만들며, 나아가게 만든다.

무언가 앞에 '국민'이라는 단어를 붙이면 그것은 최고의 기준이 되는데, 우리에게 국민 MC 유로 알려진 그는 여러 인터뷰와 방송에서 이런 말을 한 적이 있다. "나는 큰 꿈이나 목표가 없어요." 그는 직업적으로 이루고자 하는 목표보다는 현재 하는 일에 최선을 다하며, 다른 사람들과 즐겁게 일하는 것을 중요하게 여긴다고 여러 번 말했다. 그리고 "큰 꿈보다 작은 목표를 가지고 성실히 살아가는 것이 중요하다."는 메시지를 자주 전하였는데, 아마도 그의 핵심 가치는 '성실, 노력, 겸손'이 아닐까? 누구든 그를 떠올리면 미담과 진정성, 그리고 다양한 도전을 떠올리게 되는데 그의 핵심 가치를 바로 알아차릴 수 있는 이유이다.

무조건 '잘, 좋게, 멋지게'가 아닌 '내 인생, 나만의 방향성, 핵심의 가치'를 정해보자. 그리고 그 안에서 목표를 정해보자. 일관성 있는 기준이 되는 핵심 가치는 당신의 인생을 더 풍요롭고 의미 있게 만들어 줄 것이다. 당신의 선택과 행동을 지탱하도록 도와줄 기둥이자 중심인 핵심 가치, 일단 그것부터 정한 뒤 하루하루 나아가보자.

내면이 살아있는 얼굴 만들기

관상은 정말 과학일까? 결론부터 말하자면 현대의 관상학은 과학이다.

관상은 더 이상 과거에 믿었던 단순한 미신이 아니며, 현대의 과학적 연구와 심리학적 분석을 통해 사람의 성격과 감정을 읽어내는 유용한 도구로 발전하고 있다. 오늘날의 관상은 얼굴의 특징인 주름, 표정, 눈빛, 입 모양 같은 것들을 통해 내면과 감정, 심리상태, 성격, 행동 패턴까지 과학적으로 해석할 수 있는 한 도구로 발달하였고, 인공지능과 얼굴인식 기술과 함께 발전하고 있기에 단순히 신뢰할 수 없는 미신이 아닌, 실제로 과학적 근거가 있음을 알려준다.

물론, 아주 가끔 중대범죄자 신상 공개에서 너무나 순해 보이는 반전 얼굴을 하고 있거나, 영화 속에서 가장 흉악해 보이는 모습을 한 사람이 정의를 구현하는 멋진 형사라는 내용 설정은 관상이 과학이라는 말에 반기를 들게 하기도 한다. 하지만, 관상은 단순한 운명적 예측을 넘어 인간의 복잡한 본성과 행동을 이해하는 중요한 도구임은 사실이다. 특히, 얼굴의 눈, 코, 입의 표정은 다양한 감정을 즉시 표현하고, 이를 통해 사람들 간의 소통을 원활히 해주는 매우 중요한 요소이다.

관상의 핵심, 타인과의 소통의 중심이 되는 가장 중요한 것은 얼굴이며 그 얼굴이란? 일반적으로 신체적인 의미로 머리의 앞부분을 의미하며, 상징적인 의미로는 사람의 감정 상태를 의미하기도 하는데, 좀 더 독특하게 해석해 보면 얼(정신)의 굴(굴절)로 설명할 수 있다.

즉, '정신의 모습'이라고 하면 더 정확한 표현이 되겠다.

"저 얼빠진 놈 좀 보소!" "나는 그때 얼이 쏙 빠져 버렸다" 등과 같이 정신이 빠진 사람의 표정은 눈의 초점이 흐리거나, 없다는 것을 상상으로도 알 수 있을 것이다. 사람이 얼이 빠진다? 무서운 상황을 보았거나 충격을 겪으면 정신을 잃어버리는데, 그런 상황은 살면서 겪으면 안 되는 것 아닌가? 그런데 나는 실제로 불과 몇 달 전 얼이 완전히 나간 사람을 만난 적이 있다. 지금 생각해도 정말 무서운 경험인데 길에서 묻지 마! 폭행을 당할 뻔한 것이다. 한여름 어느 날, 길에서 허공을 향해 욕하며 돌을 던지던 여자가 조용히 걸어가던 나에게 시선을 돌리더니 갑자기 돌을 던지며 나를 쫓아 오는 것이다. 나는 살아야 한다는 마음만으로 전력질주로 달렸고 주변의 사람들에게 도움을 받아 위험을 넘겼지만, 거의 35도의 기온에 털옷을 입고 있던 그 여자의 눈빛은 아직도 잊을 수가 없다. 사람이 얼이 빠지면 그렇게나 무서운 것임을 나는 그때 절감했다. 내면이 살아있지 않은 사람의 얼굴은 정말 초점이 없었다.

　나는 사회생활을 통해 수많은 사람들을 상대해 왔다. 많은 고객을 상담했으며, 많은 면접을 진행했고, 다양한 성향의 직원들을 관리했다. 관상학을 배운 적이 없던 내가 사람을 상대하며 깨닫고 확신하는 것은 '사람의 얼굴은 단순히 외모가 아니다'라는 사실이다.
　예쁘다, 잘생겼다, 못생겼다. 이런 의미가 아닌 상대의 눈을 통해 느껴졌던 기운과 성향은 상당히 많은 부분 소통과 일의 성과와 관련이 있었으며, 그것은 인생을 살아감에 매우 중요한 것임이 분명

하다. 그러하기에 우리는 얼을 똑바로 세워서 제대로 굴절시켜야
한다.

예쁘고 잘생김의 문제가 아닌 얼이 살아있는 모습을 만들기 위
해 노력해야 한다.

내면에서 긍정적인 에너지를 키우며 성숙한 인간이 되기 위해
늘 공부하고, 자신을 이해하고 받아들이며 자존감을 키우고, 타인
을 이해하는 마음을 키우며 건강한 소통을 할 줄 알아야 한다. 그
렇게 얼을 살리기 위한 내면의 수련은 외면으로 드러날 것이며, 정
돈된 모습으로, 눈빛에는 생기가 있고, 안정감이 느껴질 것이다.
얼이 살아있는 외면은 예쁘지 않아도 잘생기지 않아도 사람들로
하여금 호감을 얻을 것이다.

팬데믹(pandemic) 이후, 만나지 않아도 수업과 진료가 가능한
비대면 일상이 보편화되었다. 하지만, 실제로 대면하지 않을 뿐이
지 얼굴은 보여주어야 한다. 무엇을 하더라도 내 얼굴은 내가 평생
데리고 가야 하지 않는가? 모든 인간의 얼굴이 동일화되지 않는
이상, 생김이 똑같은 쌍둥이조차도 눈빛은 다를 것이며, 정신에서
뿜어져 나오는 사람의 분위기와 마인드는 모두 다르다.

인생을 살아가면서 더 나은 미래를 만들기 위해서는 우선 내면

이 살아있는 얼굴을 만들자. 그러기 위해 늘 내면의 성숙을 위해 노력하자.

언(言)격은 인(人)격 (당신이 하는 말이 곧 당신)

둘째를 출산하고 회사로 복귀했을 때, 어느덧 나도 40대가 되어 있었다. 나도 이제 중년이라는 나이 때문이었을까? 아니면 두 아이를 키우는 육아의 고단함 때문이었을까? 그동안 한 번도 욕을 해본 적 없던 내 입에서 어느 날, 뜻밖에도 욕이 툭 튀어나왔다. 그것도 회사에서 "지랄하네~!"하고 말이다.

*지랄? 한국어의 비속어, 원래의 뜻은 뇌전증을 가리키는 순우리말로 지랄병이라고 부른다.

뇌전증의 증상 중 하나인 갑자기 벌러덩 드러누워 입을 벌리며 거품을 물고 경련을 일으키는 모습을 빗대어 뇌전증의 옛 이름인 간질병에서 지랄이라는 단어가 유래되었다.

내 입에서 저 말이 나왔던 순간은 정말 화가 머리끝까지 나 있던 상황은 맞았으나, 뜻을 알고 나서는 어쩐지 좀 미안한 맘도 들게 되었는데 그날 이후, 나와 오랫동안 일했던 직원들은 이상하게도 그런 내 모습이 재미있다고 느꼈는지, 나를 더 자극해 "지랄하네"를 유발하며 내 심기를 건드리곤 했다. 그 탓에 그 후에도 내 입에서 그 말이 한 번씩 나오게 되었지만, 나는 점점 더 험한 말로 진화할까 봐 염려되어 어느 순간부터는 그 말을 하지 않았다.

더 과거로 거슬러 올라 현재 나이의 절반 정도였던 20대 중반, 나는 나보다 나이가 많은 팀원들과 함께 일을 했고, 그래서 특히 언변에 신경이 많이 쓰였다. 우선 어려 보이면 안 된다는 강박관념 같은 것이 있었기에 더욱 사무적이며, 프로페셔널한 모습을 보여야 한다고 생각했는데 회사에선 누구에게도 반말은 하지 않았고, 정감 없어 보이는 도도한 느낌의 똑 부러지는 말투로 직설적인 표현도 서슴지 않았다.

사실 욕만 하지 않았을 뿐, 그 시절 나는 내가 하고 싶은 말은 다했던 것 같다. 물론 그런 모습은 어떤 이들에겐 리더십과 카리스마라는 단어로 잘 포장되었고, 나의 성장에 밑거름이 되기도 했지만, 많은 시간이 지난 지금 그때를 떠올리면 "더 부드럽고 유연할 순 없었을까?" 하는 아쉬움과 인격적으로 다 성장하지 않았던 나의 과거에 부끄럽기도 하다.

"언격은 인격"이라 했다.

언격은 일종의 외적 표현이지만, 인격은 내면의 본질이다. 즉, 그 사람의 말은 그 사람의 내면을 반영하는 중요한 지표가 되기 때문에 예의 바르고 품위 있는 말을 하는 사람은 대개 성숙한 인격을 지닐 확률도 높다는 것이다. 얼굴도 내면의 굴절된 모습이듯이, 언어 또한 인격으로 인식되는 사실을 안다면, 거칠고 무례한 말을 쉽게 할 수는 없지 않을까? 욕과 부정적인 말보다는 상호 존중적이며 긍정적인 단어를 쓰는 것이 언격을 높이는 것이며, 그것은 당신의 인격과 같이 인식됨을 꼭 기억하길 바란다.

당신이 하는 말은 곧 당신이다. 말을 바꾸면 인생 또한 바뀔 수 있다.

자기표현의 기본 수단인 언어를 바꾸기 위해 내면의 성숙도를 기르는데 더 큰 노력을 기울이자.

제4장

내일을 위한 (실천)

건강한 몸은 패.완.몸
(빈궁마마도 성공한 다이어트 팁)

나는 빈궁마마다. 빈궁이란 세자빈의 아내, 왕의 후궁 가운데 지위가 가장 높은 사람이라는 뜻인데, 세자빈의 아내도 후궁도 아닌 나는, 몇 년 전 빈궁마마가 되었다.

조선시대가 아닌 현실 세계에서 빈궁마마란? 여성성의 상징인 자궁이 비어 있는 여성을 말하는데, 자궁 안의 질환으로 인해 자궁 자체를 아예 드러내어, 월경도 없고, 임신도 할 수 없는 여성을 말한다. 나는 어차피 아이는 둘을 낳았고, 마흔을 훌쩍 넘겼으니, 임신과 출산의 계획과 가능성은 전혀 없으며, 월경은 30년을 넘게 해왔으니 이젠 그만해도 된다고 긍정적으로 생각할 수밖에 없었다.

사실 치료를 위한 큰 시술을 2번이나 하였음에도 호전이 되지 않았으니 더 이상의 다른 방법이 없던 나에겐 고민이나 우울감을 가질만한 문제는 아니었다.

그러나, 전신마취를 했던 큰 수술을 한 후, 한동안은 신체활동에 제약이 있었으니, 괜찮은 척했지만 내 몸과 마음은 조금씩 소극적으로 변하기 시작했다. 우울증까지는 아니었지만, 왠지 허한 마음은 먹는 즐거움이 채워 주었고, 그러자 내 몸은 70kg에 육박할 만큼 비대해져 버렸다. 가장 날씬했던 20대엔 50kg도 되지 않았었기에, 살이 찌고 보니, 자존감 또한 하락했으며, 자궁을 제외한 다른 부분의 건강까지 위협으로 다가오기 시작했다.

그래서 마음을 먹었다. "이렇게는 안 된다. 건강을 찾아야 한다. 살을 빼야 한다." 라고.

예뻐지기 위해, 더 날씬한 몸매를 만들기 위해서가 아닌, 내 아이들이 태어난 자궁을 버릴 만큼 나를 돌보지 않았던 내 몸에게 사과하는 마음으로 정말 열심히 관리했다. 내가 먹을 좋은 식재료들을 사기 위해 매일 시장에 갔고, 1주일에 6일은 무조건 운동했다.

그렇게 식단과 운동으로 관리한 결과, 옷발이 가장 잘 받는다는 사이즈인 170cm에 53kg의 몸을 만들었고 내 나이 46살에 보디프로필도 찍었다. 그 보디프로필은 당시 다녔던 헬스장 벽에 지금도 붙어있으니, 마치 미션을 달성한 졸업생의 졸업사진처럼 뿌듯한 기분이다.

이후 건강검진 결과 수치로 건강이 증명되었고, 수시로 침과 뜸을 맞았던 손목과 어깨는 운동 이후 한 번도 치료를 받은 적이 없다. 생각해 보면 하루 1,000걸음도 걷지 않았을 거 같았던 일상을 보냈던 내가 만 보도 거뜬히 걸어 다니는 사람이 되었으며, 어깨와 팔에 힘이 생기면서 일상생활에서 힘이 넘치는 삶을 살게 되었다.

살이 찌면서 헐렁한 옷을 찾기 시작했던 나는 다이어트 성공 후 과거의 옷 스타일로 돌아갔으니, 40대 후반의 나이에 청바지에 흰 티가 제일 잘 어울리는 패.완.몸이 되었다.

나는 확신하건대 건강관리에서 가장 중요한 체중감량은 본인의 노력이 있다면 분명히 성공할 수 있다. 세상의 어떤 것도 마음대로 되지 않지만, 자신의 의지로 몸은 바꿀 수 있지 않냐며, 의지대로 가능한 것은 몸밖에 없다고 말했던 한 모델의 멋진 말이 기억난다. 사랑도 일도 배신할 수 있지만 몸은 자신을 배신하지 않는다는 말을 나는 격하게 공감한다.

내 몸도 내가 어찌 못하면 앞으로 살아갈 세상에서 뭘 더 할 수 있을까? 의지로 바꿀 수 있는 게 몸밖에 없다는 것이 슬픈가? 그렇다면 몸이라도 바꿔서 건강해 보는 건 어떨까?

체중감량으로 호르몬의 균형을 잡고 건강이 개선되면 정신적 안정과 집중력이 향상되어 사회생활에 활력이 생길 것이다. 외모의 변화는 자신감 상승의 효과를 주며, 노화 속도가 느려져서 삶의 질이 향상된다. 무엇보다 내 건강은 내 가족과 가까운 사람들의 행복과도 직결이 되어 있기에 인생에서 가장 중요한 것은 정말 건강이 확실하다.

나의 경험으로 깨달은 다이어트 팁을 적어 보면 이렇다.

1, 부지런해야 한다. '다이어트 성공 = 부지런'

2, 집에서 가장 가깝거나 가기 쉬운 헬스장을 등록할 것

3, 본인에게 맞는 트레이너 선생님 만나기

4, 운동 효과를 올려 줄 나만의 뮤직 플레이리스트 만들기

5, 헬스장에서는 친구 만들지 말 것. 특히, 밥 친구

6, 운동 기록일지 만들기

7, 잘 먹기. 굶으면서 빼는 건 절대 안 됨

8, 매일 하지 않아도 꾸준히 할 것

　비싼 가방을 사는 대신 그 돈으로 헬스장을 끊고, 러닝화를 사고, 건강관리에 투자하자.

　그리고, 주인장 맘대로 주는 오마카세 말고 내 몸에 좋은 음식을 사 먹는 것이 건강에 이롭다. 삶의 질 전반에서 가장 중요한 것은 건강이며 비만은 무서운 질병이니, 체중 관리에 소홀하지 말자. 그리고 건강한 몸은 그 어떤 패션도 완성 시켜줌을 기억하자.

루틴을 넘어 습관으로
(인생을 바꾸는 나만의 루틴 만들기)

루틴이 습관이 되면 인생이 바뀐다.

의도하지 않고도 자연스럽게 반복적으로 이루어지는 행동을 '습관'이라고 한다면, '루틴'은 특정 목표를 이루기 위해 계획적으로 수행해야 하는 미션 같은 것이기에 루틴을 습관화한다는 것은 매우 어렵다. 무의식적으로 몸에 익숙해진 행동인 습관과는 달리, 하기 싫고 힘든 일을 자연스럽게 반복할 수 있는 사람이 얼마나 될까마는 인생을 멋지게 살고 싶은 사람은 루틴의 습관화를 위해 노력한다.

사람은 자신도 모르게 많은 습관을 형성한다. 그 습관은 시간이 지남에 따라 점점 뚜렷하게 나타나며, 그 사람의 본질을 알아가는 중요한 단서가 되는데, 우리는 누구나 자신의 작은 습관들을 잘 살펴봄으로써 자신을 돌아보고, 타인도 더 이해할 수 있게 된다.

만약 어떤 사람이 아침마다 일찍 일어나 운동하는 습관을 지녔다면, 그는 자신을 잘 관리하고 규칙적인 생활을 중요시하는 사람일 확률이 높다. 아마도 그는 체력과 건강을 중요시하며, 자기관리를 열심히 하는 만큼 일과 삶에 대한 부분에서도 계획적이며 의욕이 높을 것이다. 반대로, 지각과 미루기가 습관인 사람, 매사 불평하는 말을 자주 내뱉거나, 충동적인 쇼핑을 자주 하는 사람, 건강관리를 무시하며 과음이나 과식이 습관이 된 사람 등 부정적인 습관을 지닌 사람들도 우리 주변에서는 많이 찾아볼 수 있다. 그들의 나쁜 습관은 그 사람의 생활에 점진적으로 부정적인 영향을 미치며, 타인과의 관계나 자기 자신에게도 해로운 결과를 초래할 수 있음을 기억해야 한다.

나쁜 습관은 고쳐야 한다. 그리고 삶에 긍정적인 영향을 줄 수 있는 좋은 습관을 찾아 꾸준히 실천해 가면서 그것을 더 섬세한 루틴으로 만들면 분명히 인생은 더 행복해지고 더 멋진 미래를 맞이하게 될 것이다.

나는 내 인생의 핵심 가치를 '건강'으로 정하면서, 많은 것들을 바꾸었다. 술과 야식과 과식의 습관은 나에게는 이제 다른 세상의 얘기다. 20대 시절 "미친 듯이 일하고 미친 듯이 논다"라는 신념으로 살았는데 고급스럽게 말하면 "열정적으로 일하고 마음껏 즐긴다"라는 표현이 되겠지만, 기분이 좋으면 밤을 새우고 술을 마신 날이 하루 이틀이 아니었다.

유전적으로 간이 좋지 않음에도 불구하고, 그저 좋은 게 좋았던 과거에 비해, 현재는 나의 상태에 맞는 올바른 습관들로 삶을 채워 넣었으며, 일주일 4일의 운동은 힘들어도 지키려는 루틴이 되었고, 그 운동 또한 반드시 유산소인 천국의 계단 30분으로 시작해 웨이트 운동 1시간을 지키려고 노력한다. 그 노력은 나에게 요요를 선물하지 않았으니, 다이어터가 아닌 유지어터가 되었고, 나는 이 루틴이 매우 마음에 든다.

독자들 또한 좋은 루틴을 만들 수 있도록 가장 중요한 3가지 방법을 알려주겠으니, 아래 내용들을 고려해서 각자에게 맞는 루틴을 만들어 보자.

첫째, 자신만의 삶에 맞는 루틴을 만들자. 사람들은 저마다 다른 일상을 살고 있기에 주변인의 루틴을 무조건 따라 하는 것은 본인에겐 도움이 되지 못한다. 하는 일에 따라 취침 시간과 기상 시간이 달라질 수 있으며, 업무 환경적인 부분도 무시할 수 없다. 일을 실내에서 하는지, 실외에서 하는지, 현재의 건강 상태가 양호한지 관리가 필요한지, 외부의 상황으로 인해 변수가 발생하는지도 중요하다. 최근 자기 계발 좀 한다는 사람들이 무조건 지켜야 할 것처럼 인식된 새벽 기상 미라클 모닝을 나는 하지 않았다. 나의 일상과 루틴은 새벽엔 더욱 푹 자는 것이 맞기 때문에 수많은 사람들이 미라클 모닝에 열광했지만 나는 하지 않았다.

둘째, 자신의 라이프스타일에서 만족하지 못하거나 부족한 부분을 찾아내자. 삶에 만족하지 못한다면, 분명 자신의 삶을 살아가는 일정한 루틴이 없거나 잘못된 루틴을 가지고 있을 것이다. 그것을 찾아내야 한다. 아토피가 심하다면 모든 식단을 유기농으로 바꿔야 하는 거처럼 문제점을 알고 계획하면 달성될 확률이 그만큼 커진다. 현재 어떤 부분이 부족한지, 결핍되어 있는지 그 부분을 찾아서 채워 넣도록 하자. 그래야만 하루하루가 행복하고 발전할 수 있다.

셋째, 당장 실천 가능한 작은 것부터 하나씩 만들어 나가자. 갑자기 너무 많은 루틴을 만들면 쉽게 포기하거나, 지키기가 어렵다. 하나씩 만들어서 꾸준히 이어 나가다 보면 두 개 세 개 늘어날 수 있으니, 처음부터 너무 많은 자기와의 약속으로 버거워하지 않기를 바란다.

그래서 일상의 틀을 단단하게 짬으로 인해 더욱 삶에 집중하고, 삶을 더욱 만족스럽게 살아 보자.

"낙숫물이 댓돌을 뚫는다"라고 했다. 작은 것 하나라도 끈기 있게 계속하면 큰 것을 이룰 수 있다. 인생을 살면서 자기관리를 하지 못하는 사람은 절대 성공할 수 없다. 일상의 작은 루틴 하나하나가 모여 인생의 큰 목표와 성과를 달성할 수 있으니, 그 습관들은 일상의 가장 큰 과업 아닌가? 루틴을 만들고 일관되게 실천하여 효율을 높이며, 의식적으로 반복하다 보면 어느샌가 우리의 인생도 변화되어 있을 것이다.

바쁨과 부지런함은 절대 배신하지 않으니, 당장 실천하여 매일 다르게, 이랬다저랬다 하는 어지럽고 복잡한 인생을 깔끔하게 정리하여 멋진 내일로 나아가자.

일상 속 쉬운 명상법으로 단단한 멘탈 만들기 (체험 아닌 습관)

내가 고3 때 대학 수능시험을 본 뒤 연극영화과 실기시험을 준비하고 있던 어느 날, 아빠가 갑자기 쓰러지셨고 병원에 입원하신 지 몇 달 만에, 40대의 젊은 나이의 아빠는 우리 곁을 떠나셨다. 병상에서 아빠는 나에게 "연극영화과를 가지 않으면 안 되겠냐?"고 물으셨고, 그리고 며칠 뒤 돌아가셨으니 그 말은 사실상 나에겐 유언이 된 셈이다. 실기시험 당일 아침엔 억수같이 비가 쏟아졌는데 나갈 준비를 하는 나에게 엄마는 울며 소리를 지르셨다. 나는 그 모습을 뒤로하고 1시간가량 걸리는 거리를 홀로 버스를 타고 가며 하염없이 울었는데, 아마도 그때가 내 인생에서 가장 강한 멘탈이 필요했던 순간이었다.

대학을 졸업하고 서울에서 시작한 새로운 생활, 아무도 나를 도와줄 사람이 없었던 낯선 도시에서 하루하루 꾸역꾸역 버티며 살아가야 했다. 그때마다 나는 나만의 방법인 십자수나 서예를 하며 멘탈을 잡아갔다. 부산으로 돌아가고 싶었던 순간도 많았고, 회사에서 힘든 일이 생길 때면 그만두고 싶었던 적도 한두 번이 아니었지만, 그런데도 "그냥 버텨야 한다"는 생각으로 자신을 붙잡고 잡아가며 그렇게 성장하기 시작했을 무렵, 퇴근하고 운동도 할 만한 여유와 시간이 생겼을 때 요가원을 등록했다.

이화여대 앞 5층 건물의 2층에 위치했던 요가원. 눈을 감으면 그곳에서 나는 땀 냄새, 향수 냄새가 아직도 오묘하게 느껴지는 것만 같다. "새로운 세상, 바로 힐링이란 게 이런 거구나~!" 내가 명상에 눈을 뜨기 시작한 순간이다. 요가와 명상은 상호보완적인 관계가 있으며, 신체적인 수련과 정신의 수련이 동반되는데, 나에게는 신체적 동작보다 호흡과 정신적인 면에서 마음을 다스리는 방법에 더욱 큰 도움을 주었다.

같이 일했던 직원들에게 일 외적으로 가장 많이 들었던 질문은

"멘탈 관리는 어떻게 하세요? 마인드컨트롤 방법이 궁금합니다."
였는데, 아마도 그들의 눈에 보이는 나는 늘 멘탈이 강해 보였었나
보다. 사실 흐트러짐이 없는 모습을 보이려 노력했기에, 이 질문을
받으면 약간 기분이 좋기도 했었지만 남모르게 무너지고 힘들었
던 나를 그들은 알지 못했기에 그 시절의 누군가가 이 글을 읽는다
면 배신감이 들지도 모른다. 외강내유의 나는 진짜 멘탈이 강했다
기보다 강해지기 위해서 많이 노력했었다.

　나는 짧게 대답했다. "명상해요! 비우기를 해요."
　명상은 마음을 집중하고 차분하게 하는 정신적인 실천이다. 그
리고 감정과 생각의 흐름을 알아차려서 마음을 비우거나 자신의
깊은 내면을 탐구하는 것인데, 나는 이 활동을 통해서 항상 부정적
인 것, 힘든 것, 불필요한 것들을 수시로 비워내기로 했고 그 방법
을 대학 실기수업 시간처럼 같이 눈을 감고 해보기도 했었다. 눈을
감게 하면 잠을 자거나, 눈을 떠서 다른 사람들을 흘깃 쳐다보거나
웃거나 집중하지 못하는 이들도 있었는데, 내가 알려준 방법으로
마인드 관리에 도움이 되었다는 얘기도 많이 들어서 한때는 더 나
아가 최면을 배우고 싶다는 생각도 한 적이 있다.
　그러나, 시간이 지나면서 또다시 부정과 암울한 감정은 생기고

잘라내고 비워내는 것만이 답이 아니라는 것을 깨닫고 난 후 힘든 감정들은 온전히 끌어안아야 함도 깨닫게 되었는데, 인정하고 받아들이고, 이해하고, 다스리는 것, 그것이 결국 멘탈 관리의 끝이라는 것을 알게 되었다.

내 현재 상태에 대해 집중해서 그것이 왜 힘들고 부정적이며, 개선할 점과 계발할 점은 없는지 끌어안아 버릴 것. 물론 그것은 아주 힘들었지만 세상은 외면한다고 끝나는 것이 아님을 나이가 들면서 차츰 알게 되었고, 그것이 결국 마음을 챙기는 것임을 받아들일 수밖에 없었다.

어렸을 때 이런 말을 해본 적이 있는가? "내 마음이야! 내 마음이거든? 내 맘대로 할 거야!" 하지만 내 마음을 마음대로 하는 것은 쉽지가 않다. 그러니 어쩌면 세상에서 젤 어려운 게 내 마음을 생각하는 대로 조절하는 것 아닐까?

명상의 뜻, 종류, 자세보다 실질적으로 나에게 효과가 있었던 멘탈 관리법은 이렇다. 조용하고 편안한 곳에서 눈을 감고 하는 명상 방법은 아니니, 쉽게 가능할 것이며, 한두 번의 체험이 아닌 일상 안에서 습관이 되도록 실천해 보길 권한다.

1, 아침에 일어나서 눈을 감고 잠시 오늘 나의 일과와 그 속의 행복한 모습을 상상한다.

2, 차나 커피를 음미하며 마시며, 오로지 맛에만 집중한다.

3, 샤워를 하며 깨끗해진 나를 느끼고 머릿속도 같이 깨끗해졌다고 생각한다.

4, 땀을 흘리며 운동하면서 부정적인 것들은 땀으로 흘러 나갔다고 생각한다.

5, 걸음을 걸으며, 한발 한발에 내 에너지를 느끼며 앞으로 나아간다.

6, 얼굴에 화장품을 바르며 행복과 즐거움을 바른다고 생각한다.

7, 설거지나 청소를 깨끗하게 하며 마음속의 부정도 같이 치워버린다.

8, 기타 (옷을 예쁘게 개며, 밥상을 예쁘게 차리며 등등)

이 방법들은 최근 전업주부의 삶을 살면서 찾은 나만의 명상법이다.

만약 직장인이라면 출퇴근 시간, 점심시간 등 혹은 혼자 있는 시간이 많을 테니, 너무나 좋은 환경이다. 물론 가부좌를 틀거나, 누워서 자세 잡고 하는 명상이 많지만 언제나 쉽게 습관이 되려면 이와 같은 시간에 온전히 집중해 보자.

내가 나를 관리하지 못하는데, 누군가를 관리하는 리더가 될 꿈을 꾸고, 성공할 생각을 한다는 건 기본부터 안 된 것 아닌가? 적어도 우리가 이렇게 험한 삶을 살아가려면 내 마음은 관리할 수 있어야 한다. 스스로 부정적이고 복잡한 것을 지울 수 있고, 온전히 현재에 집중하며 긍정적이고 단단한 마음을 잡을 수 있다면 어떤 상황이 되어도 흔들리지 않는다.

내가 나를 잘 붙잡고 있기에 누군가가 흔든다고 흔들릴 리 없기 때문이다.

세상은 결국, 멘탈이 쎈 사람들이 성공하게 되어있다.

당장 오늘부터 시작해 보자~! 인생은 멘탈관리가 전부나 다름이 없다.

인맥도 정리가 필요하다. (내 주변의 평균이 나)

'인맥은 재산이다'라는 말은 사람과의 관계가 중요한 현대사회에서 매우 통찰력이 있는 표현이기는 하지만, 이제는 점점 옛말이 되어가고 있다. 이 말을 현시점에 맞게 바꾸어보면, '인맥은 재산이 아니라 서로 도움이 되는 관계일 때 진정한 가치가 있다'라고 표현할 수 있겠다. 우리가 가진 물질적 자산만큼이나 사람과의 관계가 중요하긴 하지만, 단순한 수동적인 관계를 넘어 개인의 성장과 발전에 도움이 될 때 진정한 가치가 있다는 뜻인데, 이 내용은 최근에 손절과 관계 정리에 대한 자연스러운 분위기와도 연결된다.

사람은 사회적 존재이기에 우리의 행복은 타인과의 상호작용을 통해 행복할 수도 있고 불행할 수도 있는데, 시간이 갈수록 타인에게서가 아닌 자기 행복을 추구하는 분위기가 짙어져 가면서 인맥 정리는 자연스럽게 받아들여지고 있다.

나 또한 사회생활을 하면서 많은 사람들 덕분에 행복했었지만, 사람들로 인해 힘들었던 적도 많았기 때문에 인맥 정리에 대해 공감하게 되었고, 이제는 더 많은 인간관계를 맺기 위해 억지로 노력해야 할 이유가 없음을 깨달았다. 사실상 많은 사람들이 사람에게서 상처를 받고, 반려묘나 반려견을 통해 위로를 받는 걸 우리 주변에서도 많이 볼 수 있지 않는가? 인간에게서는 상처를 받고, 동물에게서 위로를 받는 부분이 씁쓸하기도 하지만, 더 이상 사람만이 위로가 되는 시대는 아님을 알게 된다. 물론, 진정한 인맥은 진정성과 존중을 바탕으로 삶의 풍요로움을 가져다주니 무턱대고 관계를 정리하는 것은 바람직하지 못하다.

그렇다면 인맥을 정리하기 전에 고려해야 할 점들을 생각해 보자.
먼저 누군가에 대해 판단하기 전에는 자신이 어떤 사람인지부터 생각해 보라. 내가 남을 정리할 수 있듯이 다른 사람도 본인을 정리할 수 있음을 깨닫는다면 타인에 대한 판단을 함부로 하지 않을 것이다. 내가 먼저 좋은 사람이 되지 못하면서 남에 대해 선급한 판단을 한다는 것은 매우 큰 실수가 될 수도 있음을 알고, 본인에 대한 판단부터 해보길 바란다.

그리고, 자신의 가치관과 목표를 명확히 파악하는 것도 중요하다. 자신의 목표를 정확히 알면 그 목표로 나아갈 때 도움이 될 만한 긍정적 기운을 줄 사람이 가려질 것이고, 그 안에서 중요한 관계를 찾아내는 것은 매우 중요하다. 직업적 목표, 성장의 방향 등을 정해놓아야 같은 방향을 가진 이들에 대한 판단이 똑바로 선다.

인맥을 정리하는 것은 단순히 사람과의 관계를 끊는 행위가 아니라, 내 삶을 더 풍요롭고 건강하게 만드는 행위임을 알고 신중히 해야 후회가 없음을 먼저 기억하자.

이제, 정리해야 할 인맥을 알아보자.

첫 번째로, 우리가 집 정리를 할 때도 다시 쓰지 않을 것 같은 물건을 가장 먼저 버리듯, 내가 생각하는 인맥 정리의 첫 번째는 만남 뒤 헤어질 때 다시 만나고 싶지 않을 만큼 기분이 안 좋은 사람은 정리 1순위라고 생각한다. 만날 때와 달리 헤어질 땐 기운이 빠지고, 불쾌한 느낌이 나는 사람은 아마도 부정적이거나, 비판적이며, 긍정적 에너지보다 우울함과 피로감을 느끼게 할 것이다. 실제로 나는 말끝마다 부정적인 말투와, 내가 잘 알지도 못하는 사람들의 비방에 동조를 바랬던 한 사람과의 관계를 정리한 적이 있다.

이후 알게 된 것은 그 사람은 나 아닌 많은 이들에게도 손절을 당한 적이 있으며, 살아온 환경에서 생긴 열등감은 안타깝게도 부정의 감정으로 오래된 습관처럼 굳어 있었던 것 같았다. 오랜 관계이며 좋았던 기억도 많았지만, 나는 나의 정신건강과 만남 이후 계속되는 피로감을 더 이상 이어가고 싶지 않았다. 삶의 성공 법칙의 첫 번째가 부정적인 인간을 멀리하라고 한 것처럼 나는 인맥 정리의 1번은 부정적인 관계의 정리라고 생각한다.

두 번째는 존중하지 않는 사람이다. 존중은 모든 관계에서 기본적인 요소다. 나를 존중하지 않으면 내 시간과 내 감정을 쉽게 생각할 경향이 높다. 나와의 약속을 자꾸 어길 것이며, 내 감정을 쉽게 생각해서 자신의 말만을 강요할 것이다. 경험상 그런 관계는 자존감을 무너뜨린다. 자신에 대한 긍정적이고 건강한 마음인 자존감이 무너진다는 것은 어쩌면 모든 것을 무너뜨리는 결과를 초래할 수도 있다. 더 나아가면 가스라이팅이라는 위험한 심리적 조작을 할 수도 있음을 기억하자.

세 번째는 불성실하거나 신뢰를 깨뜨리는 사람이다. 신뢰는 어떤 관계에서든 핵심이다. 잦은 거짓말을 하거나 약속을 자주 어기는 사람과의 관계는 시간이 갈수록 불편한 관계로 변해간다. 사실 불성실하거나 약속을 자주 어기는 사람은 부정적일 확률도 높으며, 나의 발전에도 아무런 도움을 주지 못함을 기억하자. 어쩌면 회사 생활 중 내가 정리했던 직원들도 이런 인맥이 아니었을까 생각해 본다.

네 번째는 이기적인 사람이다. 어느 날 남편이 나에게 "세상은 약간 손해 보고 사는 게 잘 사는 거야."라고 공감이 가는 말을 한 적이 있었다. 관계라는 것은 일방적인 상황이 되어서는 안 되는데, 나는 노력하는데, 본인의 이득만 중요하게 생각하거나 상대방의 입장을 고려하지 않는 사람이 있다. 자신의 요구와 욕구만을 고집하며 내가 필요할 때는 신경 쓰지 않는다면, 그 관계는 지속될 수 없음을 기억하자. 아무리 내가 제일 중요하다고 하더라도, 타인에 대한 배려와 존중은 인간관계의 기본이다.

이 밖에도 내 발전을 방해하는 사람, 겉과 속이 다른 사람, 지속적으로 갈등을 일으키거나 자신의 이익을 위해 남을 이용하는 사람 등 구체적으로 정의하기는 어려울 수 있겠지만, 여러 가지 상황과 관계의 유형에 따라 끊는 것이 본인에게 맞다고 판단이 된다면 결정을 내려야 한다.

인맥 관리의 답은 이거 하나다. '내 주변의 평균이 나' 정말 무서운 말 아닌가?

이 말을 인정할 수 있는 사람은 가까이 두어야 한다. 죄를 짓고 교도소를 다녀온 사람은 감방 동기인 범죄자 친구가 생길 테고, 서울대를 다니는 사람은 친구도 서울대생 아니겠는가? 신이 내린 얼굴을 가진 연예인이 평범한 일반인과 연애할 확률은 얼마나 될까? 그러하기에 항상 내 위치와 그 이상의 사람들과의 관계를 맺어야 하며, 다른 사람들과의 관계를 생각하기 전에 먼저 본인을 돌보고 본인을 발전시키는 것이 최우선이다.

인생을 살면서 귀인을 만나 큰 기회나 대운을 맞이할 수도 있지만, 귀인을 만난다고 하더라도 본인이 너무 부족하거나 준비가 되어 있지 않으면 좋은 기회는 없을 것이며, 오히려 더 큰 좌절감을 맛볼 수도 있다. 반대로 아무리 이상한 사람을 만난다고 하더라도 본인이 똑바로 중심을 잡는다면 그 관계로 인해 큰 피해는 보지 않을 것이다. 사람으로 인해 인생의 쓴맛을 보기도 할 것이며, 상처를 받아 먼저 손절하기도 하며, 반대로 손절당하기도 할 것이다.

이렇게 생각해 보면 결국, 최고의 인맥 관리의 핵심은 자기관리라는 결론이 난다.

내가 누군가에게 좋은 사람이 되면 내가 노력하지 않아도 나에겐 좋은 인맥만이 남을 것이다. 귀인을 만날 확률도 높아질 것이며, 삶의 질과 행복의 질 또한 같이 상승할 것이다.

내가 남에게 필요한 사람이 되는 것, 인맥을 통해 기회를 엿보지 말고 내가 도움을 줄 수 있는 사람은 얼마나 멋진가? 꼭 기억하길 바란다.

세상의 모든 행복과 성공은 모두 나로부터 시작된다.

끌어당김 대신 행동 (just do it)

"우리가 생각하는 것들은 현실로 끌어 당겨진다. 긍정적인 생각이나 감정은 긍정적인 결과를, 부정적인 생각이나 부정의 감정은 부정적인 결과를 끌어당긴다."라는 개념을 담고 있는 이론이 있다. 바로 '끌어당김의 법칙'이다.

이 법칙은 "긍정적 사고와 집중은 우리의 삶에 좋은 영향을 미친다"라는 이론인데, 단순한 생각만으로 원하는 결과를 낼 수 없다는 의견과 함께 비판적인 시각도 다분히 존재한다. 별명이 '긍정선'인 나 또한 이 이론을 온전히 받아들일 수 없으니, 그 이유는 끌어당김의 법칙은 과학적으로 증명되거나 확립된 이론이 아니기 때문이다. 심리학적, 철학적, 개인적인 경험을 기반으로 생각과 감정이 우리의 현실을 만든다는 주장은 충분히 공감하지만, 이 내용만으로는 나를 이해시키기는 부족할 것 같다.

내가 읽었던 자기계발서의 결론은 결국 하나였다.

"행동하라! 인생은 행동이다."

끌어당김의 법칙처럼 긍정적인 생각으로 좋은 결과를 만들어 낼 수는 있겠지만, 결국 움직이지 않고 생각만으로 할 수 있는 것은 세상 그 어디에도 없으니 움직이라는 것이다. 그런데 왜 사람들은 성과로 결과를 증명한 산증인들의 말에도 행동하기 어려워할까? 사실 끌어당김보다 더 중요한 것은 행동으로 옮기기가 어려운 이유를 파악하고, 그 이유를 없애는 것이 아닐까?

길지 않은 인생이지만 우여곡절을 겪으며 살아본 결과, 행동이 어려운 이유는 막상 실행에 옮기려 할 때면 머릿속을 괴롭히는 부정적인 생각들 때문이었다. 그로 인한 오만가지 고민과 "혹시 안 되면 어떻게 할 것인가?" 하는 결론 나지도 않은 결과에 대한 걱정까지 하며, 꼬리에 꼬리를 무는 질문과 복잡한 연결고리들까지 만들어냈다. 그런 상황엔 항상 행동을 가로막는 쓸데없는 고민과 부정이 가득했고, 분명한 목표가 없기 때문에 실행에 옮기더라도 열정이 없으니 실패 확률도 높았다.

실제로 나는 내가 목표로 한 것을 달성했던 경험들도 많지만, 가장 최근에 목표와 행동의 연관성에 대해서 크게 느낀 경험이 있다. 그것은 바로 운동과 보디 프로필이었는데 헬스장에서 PT를 등록했더니 무료로 보디 프로필을 찍어준다는 것이다. 당시 나는 이석증의 후유증과 내 인생 최악의 저질 체력이었음에도 보디 프로필에 큰 동기부여를 받았다. 마음 깊은 곳에 "과거 나도 한 몸매 했었는데."하는 알 수 없는 자신감이 꿈틀거렸으며, 더욱이 무료라는 부분이 아줌마인 나에게 솔깃했고, 남들이 물었을 때 "찍고 싶어서 찍었어."라는 말보다 "무료니까 한번 찍어 본 거다."라는 실패를 하더라도 딱 맞는 좋은 핑계까지 나에겐 모든 것이 자연스러운 상황이었다.

운동을 시작한 지 3달쯤 되었을 때, 그로부터 2달 뒤의 촬영 날짜를 잡고 나니 "이것은 현실이구나." 하는 마음이 강하게 들었고, 2달을 마냥 열심히 운동만 하지 말고, 목표를 수치화해 놓고 달성해 보고 싶은 마음이 생겼다. 목표는 기한이 정해져야 하고, 수치화되어야 함은 익히 잘 알고 있었기에 촬영일인 D-day까지 인바디 목표를 잡았다.

170cm인 내 키에는 53kg이 옷발이 가장 잘 받는 몸무게라는 것을 알게 된 후 2달 동안 그 목표를 위해 정말 열심히 노력했다. 장마에 우산이 뒤집힐 만큼 비바람이 퍼부어도 헬스장은 빠지지 않았고, 온 식구가 치킨을 시켜 먹어도 나는 먹지 않았다. 몇 개월 동안 그 좋아하던 라면도 먹지 않았으며, 당연히 술과 과자도 끊었다. 지금, 이 글을 쓰고 있는 순간에도 내가 그랬다는 것이 믿어지지 않지만, 나는 행동했고, 그 결과물은 생각보다 만족스럽게 남아 있다. 하지 않을 이유가 없었던 그 순간, 해야 할 것을 해냈을 때의 감동은 본인만이 안다.

"부자가 될 거야"라고 아무리 필사하고 확언을 하고 끌어 당겨 보라. 부자가 되는지?

로또 1등에 당첨되고 싶으면 일단 로또를 사야 할 것이고, 살을 빼고 싶으면 일단은 식단 조절과 운동을 해야 하며, 명문대에 가고 싶으면 공부를 열심히 해야 한다. 미인, 미남이 되고 싶은데 아무리 관리해도 안 되면 마지막엔 성형이라도 해야 원하는 것을 이룰 수 있다.

실행력(實行力)에서 행(行)자를 싹 빼면 실력(實力)이 된다고 했다. 즉, 행동하면 실력이 된다는 것이다. '안 해서 못하는 거지, 하면 할 수 있다.'라는 말인데, 핵심은 "목표, 명분, 이유"이다.

환경 탓, 상황 탓할 시간에 그냥 하면 된다.

그리고 완벽주의도 아니면서 "목표를 세웠으니 완벽한 계획까지 세워야지."라고 생각하지 말고 일단은 움직이자. 인생의 너무 단순한 이치인 "하면 된다."를 믿고, 일단 하면 되는지 궁금하지 않은가? 실천 지향적 습관은 인생에서 어쩌면 가장 필요한 습관이다.

행동했지만 실패한다고 해도 실패는 도전했다는 뜻이니, 실패할지 두려워하지 말고, 생각하는 천재보다 행동하는 바보가 되자! 머리로만 아는 것, 바라기만 하고 움직이지 않는 것은 결국은 바라는 것도 아는 것도 아니다. 진정으로 바라는 것은 행동으로 이룰 수 있음을 꼭 기억하고, 행복을 행동으로 만드는 인생을 살아가자~!

끌어당김의 법칙의 끝도 결국은 '행동'이다.

제5장

내일을 위한 (주의)

책, 무작정 읽지 마라

　누구나 지나고 나면 부끄럽게 느껴지는 순간들이 있을 것이다. 나에게는 술김에 한 후회가 있다. 몇 년 전 직원들과 회식하던 중 "3차 고고!"를 외치며 대형 서점으로 향했던 일이다. "읽고 싶은 책을 고르면 선물하겠다"고 말하며 직원들에게 책을 고르게 했고, 2차까지 취기가 오른 직원들은 서점 안 여기저기를 휘젓고 다니면서 한 권 두 권 책을 골라서 나에게 왔다. 나는 그 자리에서 "필독하겠다"며 약속을 받고 책을 선물했는데, 그때는 즐거웠지만 바로 후회했다. 평소에도 늘 독서의 중요성을 강조해 왔던 터라 직원들은 별 반항? 없이 책을 받아 들었지만, 이 얼마나 꼰대 같은 짓인가? 다음 날 아침 눈뜨자마자 후회했지만, 이미 지나간 일, 선물해 준 책을 잘 읽었을 거라며 긍정적으로 생각하고 애써 그 순간을 떠올리지 않았다.

독서가 중요한 것은 분명 사실이나 어떤 이에게 독서는 해도 그만 안 해도 그만일 텐데, 유독 독서를 예찬하는 사람들이 있다. 이른 새벽이면 꼭 독서했다는 세종대왕은 한 권의 책을 한 번 읽으면 안 되고 수십 번 이상을 읽어야 한다고 신하들에게 강조하여, 조선시대의 문화 창달에 기초를 다졌고, 삼성 창업주인 호암 선생은 임원들에게 소설을 꼭 읽으라고 했는데, 소설은 인간의 심리를 묘사하고 비즈니스는 사람의 마음을 움직이는 직업이기 때문에 독서는 꼭 필요하다고 강조했다. 하버드 졸업장보다 소중한 것이 독서, 도서관은 돈서관, 아무리 좋은 명화라도 책의 이미지보다 못하다, 모든 사물이 없어져도 책만큼은 존재해야 한다. 등 책 예찬론자들의 독서 예찬은 셀 수도 없이 많다. 부정하냐고? 아니다. 구구절절 모두 맞는 말이다. 책은 인생의 스승이며, 그 사람이 읽은 책이 그 사람의 인생을 만든다고 해도 과언이 아니다. 그러나, 무조건 독서하면 부자가 된다던가? 성공한다던가? 그런 독서 행위만 예찬한다면 문제가 있다.

최근 독서에 대한 예찬은 넘쳐나는데, 마치 독서만으로 부자가 될 수 있다는 결과론적이며 너무 과한 비논리가 은근히 사람들을 부추기는 것만 같아 안타깝다. 독서만으로 부자가 되고 성공한다면, 책을 안 읽을 사람이 누가 있는가? 신체적인 노동도 아닌, 가만히 앉아 눈으로 읽는 것인데, 그래서 모두 부자가 된다면 세상에서 가장 부자 되기 쉬운 방법이 독서 아니겠는가? 그럼에도 왜 많은 사람들은 1년에 1~2권밖에 책을 읽지 않는 것일까? 그것은 책을 많이 읽었지만 부자가 되지 못한다는 걸 경험한 사람들이 많기 때문이 아닐까?

나는 회사를 그만둔 그해 1년 동안 100권이 넘는 책을 읽었다. 원래 자기계발서를 좋아하지만, 시간적인 여유가 많아졌기에 소설책과 에세이를 포함하여 다양하게 읽었는데, 그 책들의 리뷰를 모두 나의 SNS에 기록해 나갔다. 대부분이 그렇듯 나는 독서의 목적을 수익으로 두고 있었던 것은 아니기에 책 읽는 자체로도 너무나 행복했지만, 책의 저자가 와서 본인 책의 리뷰에 '좋아요'를 누르거나, 감사하다는 DM을 받았을 때는 매우 신선하고 특이한 기분이 들었다. 사실 그 리뷰에는 좋은 내용만 적지도 않았고, 그 책 내용의 핵심 몇 줄과 나의 개인적인 감상이 전부였는데, 지금 생각해 보면 그 리뷰를 작성했던 것이 나의 글쓰기에 많은 도움이 되었던 것 같다.

그렇다면 책은 어떻게 읽어야 하는가? 무작정 많이 읽어야 할까? 아니다. 무조건적인 독서 예찬보다는 더 가려 읽고, 자신만의 것으로 만드는 것이 훨씬 중요하다고 생각한다. 그러기 위해 첫째, 책은 읽는 행동보다 깨달음과 실천이 중요하다. 독서가 마치 돈을 벌어다 줄 거처럼 얘기하는 많은 사람들의 말을 듣고, 그냥 읽기만 하면 안 된다. 100권을 읽든 10권을 읽든 책을 통해 배운 것이 있다면 그것을 실천하고, 행동으로 옮겨야 한다. 그러지 못한다면 읽는 행위만으로는 아무런 변화를 맞이할 수 없다. 책을 통해 시대의 흐름을 읽고, 지식과 간접경험을 통해 사업을 전개해서 성공한 사람들은 그 힘이 독서에서 왔다고 굳건히 믿는다. 그리고 그것은 거짓이 아님에도 책을 읽고 그것을 토대로 실천하지 않는 사람이 얼마나 많은가? 결국 끌어당김의 법칙만이 답이 아닌 것처럼 행동하지 않으면 아무것도 이루어 낼 수 없다. 성공은 깨닫고 실천한 소수 사람의 몫이니까.

둘째, 책을 읽고 나면 핵심 메시지를 한 문장으로 요약하는 것은 필수이다. 읽기의 완성은 읽은 것을 내 생각으로 정리하는 것이다. 몇백 페이지의 글을 한 문장으로만 요약하는 것은 쉽지 않지만, 저자가 얘기하는 핵심 메시지를 파악하는 습관을 들이게 되면 인생에 복잡한 문제들도 간결하게 정리해 내는 인생을 사는 힘이 생긴다.

셋째, 읽히지 않는 책은 과감히 패스해라. 모든 책이 나에게 다 맞는 것은 아니다. 비록 베스트셀러일지라도, 나에게 맞지 않는다면 억지로 읽을 필요는 없다. 한번은 엄청난 인기를 얻고 있던 베스트셀러 소설을 읽다가 포기한 적이 있었다. 책의 앞부분 몇 장을 읽고 나니 더 이상 책장이 넘어가지 않는 것이다. 몇 번이고 다시 읽기를 시도했지만 결국 읽기를 포기하고 말았다. 그런데 책을 반납하러 갔는데 사서가 나에게 물었다. "이 책 어떠셨어요?" 나는 솔직하게 얘기했고 그 사서도 나와 똑같이 책을 읽지 못했다고 했다. 우리가 서로 겪은 경험에 공감하면서, 왜 사람들이 그 책에 그렇게 열광하는지 이해할 수 없다고 이야기하던 순간이 인상 깊었다. 특히, 지식과 교양서적이라면, 그 분야를 깊게 공부할 의도가 아니라면 굳이 억지로 읽을 필요는 없다. 책은 나에게 맞는 책을 읽는 것이 중요하다.

넷째, 책 선물은 신중하게 하라. 나는 그동안 많은 이들에게 책을 선물해 왔다. 서점에 데려가서 직접 고르도록 한 것은 그 일이 처음이자 마지막이었고, 좋아하는 사람에게 책을 선물하는 일은 그리 어색한 일은 아니다. 물론 나에게 책을 선물 받은 사람들은 대개 나와 매우 가까운 사이였기에 그 사람의 성향과 상황을 잘 알고, 그에 맞는 책을 신중하게 골라 선물했다. 그런데 지나고 나서 생각해 보니, 그 선물이 마치 "이 책이 이렇게 말하고 있으니, 너도 이렇게 변해 보아라"는 주입식의 느낌을 줄 수 있었을 거 같다는 생각이 들었다. 이런 식으로 책을 선물하는 것은 은근히 강요처럼 느껴질 수 있으며, 나의 의도와는 상관없이 상대방에게는 부담이 될 수도 있기 때문에, 책 선물을 할 때는 더욱 신중을 기하는 것이 좋다는 것을 깨달았다.

다섯 번째, 책은 무조건 많이 읽는 것이 좋은 게 아니다. 아무리 좋은 음식도 과하게 먹으면 체하듯이 책도 마찬가지다. 우리는 종종 "책을 많이 읽으면 똑똑해진다"는 믿음을 가지고 있지만, 책을 많이 읽는 거 자체가 중요한 것은 아니다. 중요한 것은 "그 책이 나에게 무엇을 남기는가?, 내가 그 책을 통해서 무엇을 얻는가?"하는 것이다. 많은 사람들이 끝없이 책장을 넘기며 '많이 읽은 사람'이 되기를 원한다. 하지만 이런 습관은 시간이 지나고 잊혀지는 '흔적 없는 노력'이 될 수 있음을 기억하기를 바란다. 많이 읽는 것보다 어떤 책을 어떻게 읽느냐가 훨씬 중요함을 기억하자.

마지막으로, 책을 읽겠다고 결심했다면, 그 자체로 이미 절반은 이룬 셈이다. 이제 그 결심을 행동으로 옮기기 위해 도서관이나 서점으로 발걸음을 옮기자. 우리가 선택한 책이 내 삶에 깊이 스며들어, 나만의 지혜와 경험으로 변형될 때 비로소 진정한 독서가 완성된다.

동기부여라는 탈을 쓴 '성공 팔이'에 속지 않는 법

　'성공 팔이'란 최근 한국 사회에 큰 논란을 일으킨 용어로, 사람들이 자신을 성공한 사람으로 보이게 하기 위해 과시적인 방식으로 돈이나 명예, 성공적인 삶을 과장하거나 허세를 부리는 행동을 말한다. 주로 소셜미디어를 통해 호화로운 생활, 명품, 고급 자동차, 해외여행 등을 과시하며 성공한 것처럼 보이려고 하는데 '성공'을 열망하는 분위기를 타고 가짜 성공을 만들어내어 성공을 팔고, 많은 사회적인 부작용을 일으키고 있다.

　"나처럼 하세요! 내가 가르쳐주는 방법대로 따라 하면 당신도 부자가 될 수 있어요~!", 월 200 받던 고졸 출신 20대가 한 달에 1,000 버는 방법, 야! 너두 할 수 있어! 한 달에 1억!

회사 생활 적응 실패한 내가 한 달에 연봉만큼 버는 법, 한 달 만에 월 5,000만 원 순수익 낸 이야기, 부업 파이프라인으로 월 1억 만드는 법, 22살이 월 천만 원 버는 이야기.

이와 비슷한 글들을 누구나 한 번쯤은 본 적이 있을 것이다. 그들의 성공스토리는 매우 비슷하다. "나는 원래 흙수저였고, 여러분들과 다르지 않게 일반적인 월급쟁이였다. 그러다가 독서와 공부를 통해 깨달음을 얻었고, 나만의 방법으로 열심히 노력하여 지금은 '이 젊은 나이에' 부자가 되었다. 나의 이런 성공한 방법을 '선한 영향력'으로 그대들에게도 알려줄 테니 내 얘기를 잘 들어 보아라! 그러면 당신도 나처럼 경제적 자유를 얻을 수 있다. 이건 팩트다!" 그리고 다양한 방법으로 인증을 한다. 한강뷰 아파트, 고급 외제승용차, 명품, 골프 여행, 오마카세, 기타 등등의 멋진 일상.

어떤가? 인증까지 했으니, 믿을 만하지 않은가? 물론 모든 사람이 거짓은 아니다. 진실로 성공한 사람들도 있으며, 성공으로 나아가는 중인 사람도 있을 것이다. 그렇다면 정말 존경스러우며 그 비결을 배우고 싶겠지만, 진실인지 아닌지를 정확히 알기는 힘든 이들이 위와 같은 스토리로 강의를 팔거나 컨설팅을 판매한다면 안타깝지만, 절반 이상은 '성공 팔이'다. 왜냐하면 그렇게 성공한 사람들은 본업에서 매우 바쁠 것인데, 왜 강의를 팔고 있을까? 또한 하나같이 '선한 영향력'으로 성공 방법을 공유하고 싶다고 하면서 무료로 알려주는 것도 아니지 않은가?

모든 사람은 성공을 열망한다. 나 또한 성공하고 싶었다. 24살 홀로 시작한 서울 생활에서 오로지 자신의 힘으로 성공하고 싶다는 마음뿐이었을 때 멘토의 필요성을 느끼며 독서했고 지식도 마인드도 많이 성숙해지며, 여러 작가님의 출판기념회와 강의를 들으러 다녔다. 당시 강의료는 만 원에서 이만 원 사이의 책값 수준이었으며, 아예 무료인 강의도 많았기에 지금처럼 수십, 수백만 원의 강의료를 낼 필요는 없었다. 또한 그런 강의는 인생을 살아가는 방법을 알려줬지, 돈 버는 방법을 알려주는 강의는 없었는데, 현재 우리 사회는 돈 버는 방법에 혈안이 되어 있고, '성공'이라는 것이 단순히 돈과 물질에만 의미가 있는 것처럼 인식이 되어 많은 사람들에게 허황된 꿈을 꾸게 하고 있다.

중고차 팔이, 보험 팔이, 폰 팔이라는 단어를 들은 적이 있는가? 나는 영업에 대한 선입견을 품은 사람들이 주로 이 단어를, 사용하는 것을 보면서 참 잘못된 표현이라는 생각을 했다. 세상에는 영업이 포함되지 않은 일이 없기에 '영업=팔이'라는 단어는 부적절하다고 늘 생각해 왔다. 물론 올바르지 않은 방법으로 판매하는 이들에겐 '팔이'라는 단어가 어울린다고 생각했지만, '강의'와 '성공'이라는 글자에 '팔이'를 붙일 줄은 상상치도 못했다. 정말 존경받는 강사님과 성공을 이룬 분들은 이 말이 얼마나 불편할까? 무엇보다, 비현실적인 기대감을 품으며 강의와 컨설팅을 받고 실망한 사람들은, 단순히 그들에게 수십만 원 강의료를 날리고 시간을 허비한 문제가 아니다. 한 사람의 미래에 크나큰 삶의 중심을 갉아 먹는 최악의 죄이기에 나는 독자들이 절대 성공 팔이에 넘어가지 않기를 바란다. 그러기 위해서는 아래와 같이 주의할 필요가 있다.

첫째, 강의자나 사업가의 성과와 사업 결과를 미리 확인해 보는 것이 중요하다. 그 사람이 주장하는 성과가 실제로 사실인지, 검증할 수 있는 범위 내에서 확인해 보는 것이 필요하다. 얼마 전, 고액의 전자책과 강의를 판매하던 사업가의 거짓말이 드러났다. 그는 이루지 못한 성공을 바탕으로 책을 썼고, 마치 성공한 사람인 것처럼 꾸미며 강의와 책을 팔았다. 결국 그 가짜 성공은 드러났지만, 아이러니하게도 그 거짓된 성공 덕분에 현재의 성공을 이룬 상황이 되었다. 이런 경우, 법적으로 사기죄가 성립되기는 어려운 부분도 있다. 어느 변호사는 이 문제에 대해 법적으로는 문제가 없다고 말했지만, 나를 포함한 많은 사람들은 속았다는 기분이 들 수밖에 없었고, 나는 그의 책을 책꽂이에서 꺼내 던지고 싶은 마음이 들었다. 특히 온라인 방송에서 가끔 비속어를 섞어 사용하던 그의 모습이 떠오를 때마다 매우 기분이 찝찝하다.

두 번째, 섣불리 돈을 내고 강의를 등록하거나 콘텐츠를 구매하지 말아야 한다. 인터넷을 찾아보면 무료로 들을 수 있는 유익한 강의나 정보들이 정말 많다. 하지만 성공을 팔려는 사람들에게 속아 넘어가는 경우가 많다. 이들은 보통 짧은 영상이나 콘텐츠를 보고 반응하며, 그에 맞춰 책을 구매하고, 무료 강의를 듣다가 결국 유료 강의와 비싼 전자책을 구매하게 된다. 심지어 1:1 컨설팅까지 끌어들이기까지 한다. 최근 강의 표절로 큰 파장을 일으켰던 한 강사는 다양한 클래스를 만들어 강의를 판매하고 있다. 그가 내 SNS에 올라온 책 리뷰에 직접 "좋아요"를 눌러주었고, DM을 주고받은 적도 있다. 그때 그는 "강연장에서 뵙기를 기대한다"는 말로 DM을 마쳤는데, 사실 내 리뷰 글에는 그에 대한 의심의 내용도 적혀 있었다. 그가 자신의 논리처럼 적은 내용이, 내가 예전에 읽었던 책의 일부와 너무 유사했기 때문이다.

이 외에도, 강의와 컨설팅의 리뷰를 다 믿지 말 것, 한 달의 수익을 인증했다고 해서 그것이 매달의 수익은 아니라는 것을 기억할 것, 단기적인 성공에 대한 기대를 버릴 것, "너만 성공할 수 있다"라는 말을 경계할 것, 무엇보다도 성공은 강의를 통해서 책을 통해서 그렇게 쉽게 할 수 있는 단순한 노동이 아님을 기억해야 할 것이다.

성공이란, 결국 자신이 설정한 목표를 달성하는 것을 의미한다. 이 목표가 대개 돈과 관련되긴 하지만, 자아 성취감, 명예, 안정감 등 다른 가치도 중요한 부분을 차지한다. 따라서 물질적인 성과만을 성공의 척도로 삼지 말고, 다양한 측면에서의 성취와 만족을 함께 고려해야 한다는 점을 기억하길 바란다.

"성공하고 싶나요?"라는 질문에 "아니요."라고 하는 사람은 없을 것이다. 대부분은 "할 수 있다"며 친절하게 알려주겠다고 하지만, 그 친절이 누구에게나 공평하게 주어지는 것이 아님을 명심해야 한다. 성공을 돈으로 파는 이들의 말에 속지 말고, 진정한 성공은 남이 아닌, 바로 자신만의 방식으로 찾아가는 것임을 기억하자. 어쩌면 그 방법은 이미 내 안에, 내가 가장 잘 알고 있을지도 모른다.

이런 습관은 꼭 버려라

우리의 삶은 반복된 습관들로 이루어져 있다. 어떤 습관은 우리를 성장시키고, 삶을 더 나은 방향으로 이끌어 주지만, 반대로 해로운 습관은 우리의 발목을 잡고 시간을 낭비하게 만든다. 앞서 인생에서 '습관화'하면 좋은 것들은 '루틴화'시켜서 실천하면 된다고 했다. 그렇다면 이제 어떤 습관을 버려야 할지에 대해서도 생각해 봐야 한다.

첫 번째, 단 몇 분이라도 약속 시간을 지키지 않는 습관은 버리자. 어느 날 중학생인 큰아이가 약속 시간이 가까워졌는데도 나가지 않기에 물었다. "지금쯤 나가야 하는 거 아니니?" 그랬더니 "엄마, 애들이 다 늦게 와. 그래서 시간 맞춰서 나가면 매일 기다리게 되더라고. 그래서 나도 늦게 나가려고" 겨우 중학생인 아이가 스스로 'Korea Time'을 터득해 버린 것이다. 'Korea Time'이라는 것은 한국인의 약간 늦은 문화와 시간약속을 지키지 않고 늦게 도착하는 경우를 유머러스하게 표현한 것인데, 나는 이 단어 자체가 매우 부끄럽다고 생각한다. K-pop, K-content, K-drama 등 멋지게 여겨지는 K들과는 달리, 시간약속을 잘 지키지 않는 한국인의 시간인 Korea Time이라니...그래서 얘기했다. "그래도 네가 시간을 맞춰 나가서 기다려. 친구들에게 약속 시간이 그때라는 걸 알려주고 약속했으니 지키자고 얘기해 봐. 아니면 아예 시간을 변경하자고 해."라고.

사실 나는 한때 시간 강박증 같은 것이 있었다. 회사 생활이 한참 바쁠 때는 내 시간은 나의 것이 아니었다. 각종 일정을 미리 잡지 않으면, 스케줄이 꼬여서 일이 제대로 진행되지 않았으며, 그것은 나와 회사의 손해로 바로 이어졌다. 그러다 보니, 한 달, 한 주, 매일에 대한 계획을 미리 세워서 진행했으며, 그 일정에 차질이 생기는 것이 용납되지 않기에 누군가 나와의 미팅 약속을 지키지 않으면 금방 신뢰를 잃었다. 또한 행사 진행 부분에서는 타임테이블(timetable), 큐시트(cue sheet)는 늘 나를 시간에서 벗어나지 못하게 했다. 1분 1초가 중요한 분초 사회에 살아가는 현대인들은 시간은 돈보다 중요하게 여기지 않는가? 오픈런에 줄서기 대행 아르바이트가 생긴 거처럼 사람들의 시간은 곧 돈으로 여겨질 만큼 귀한 것이다. 남의 시간을 어긴다면 돈을 갚을 생각을 해야 할 만큼 시간은 잘 지키도록 하자. 지각도 하는 사람만 하지 않는가? 약속도 어기는 사람은 계속 어긴다. 약속 시간을 어기는 습관은 인생의 성공과 인생을 변화시켜 줄 귀인도 더디게 오게 할 것이라는 생각을 하며, 시간약속은 꼭 지키자.

두 번째, 과거에 후회하며 미련을 가지는 습관을 버리자. 인간은 누구나 지난 일에 후회하며 절망하고, 슬퍼하며, 부끄러워하고, 상실감을 느낄 수밖에 없다. 왜냐하면 완벽하지 않기 때문이다. 간밤에 술을 마시고 실수한 일을 아침에 일어나서 후회할 수도 있고, 부끄러웠던 순간 때문에 이불킥을 날릴 수도 있다. 이건 모든 사람의 삶 속 일상 아닌가? 그러나, 그 후회와 미련을 붙잡고 가면 우리의 인생에 도움이 될까? 이미 지나간 시간은 돌릴 수 없으며, 계속 고민하는 시간을 허비할 뿐이다. 인간이기에 후회라는 감정을 완전히 없앨 수는 없겠지만, 후회할 시간에 다른 방도를 찾는 것이 훨씬 멋진 인생을 사는 올바른 방법일 것이다. 좋았던 일이라면 참 멋진 일일 것이고, 나쁜 일이라면 나쁜 경험일 뿐이다. 어떤 노래 가사처럼 지나간 것은 지나간 대로 의미가 있으니, 새로운 꿈을 꿔야 하지 않을까?

　세 번째, 남은 돌보면서 자신을 돌보지 않는 습관을 고치자. 타인을 돌보는 것은 정말 중요한 일이지만 그것이 자신을 돌보지 못하는 이유가 되어서는 안 된다. 나는 엄마이며, 아내다. 현재 나의 핵심 가치는 가족과 건강이며, 그것의 교집합은 나의 행복이다. 내가 있기에 빛날 수 있는 많은 것들이 있음에도 '헌신과 사랑' 혹은 '봉사' 같은 예쁜 말들로 자신보다 남을 먼저 챙기는 사람들이 정말 많다. 남을 위하는 것은 매우 아름다운 일임에도 타인에게 초점을 맞추다 보니 자신이 무엇을 원하는지, 어떤 감정을 느끼고 있는지, 무엇을 잃고 있는지를 알지 못하여 마음이 아픈 사람을 나는 많이 보았다. 특히 엄마라는 이름을 달고 있는 수많은 여성은 자신도 모르게 가족 중심으로 변하기 때문에 의식하지 않고 살아가다 보면 언젠가는 자기 자신을 돌보는 것이 이기적이라는 생각까지 들 것이다. 바쁜 일상 중에서도 자신을 돌보는 시간을 만들어서 운동하고, 책을 보고, 차를 마시는 등 혼자만의 시간을 통해서 자신을 아껴주어야 한다. 내가 행복해야 나와 함께하는 이도 행복함을 잊지 말자.

우리나라는 전 세계에서 자살률이 상위권에 속하는 매우 우울한 나라이다. 혹시 아는가? 우울증과 자살의 주요 원인 중의 하나는 "내가 존재하는 이유가 없다"와 "나는 가치가 없다"이다. 세상에 하나밖에 없는 존재, 나를 아끼는 일은 그 무엇보다 중요한 일임을 기억하고, 남을 돌보기 이전에 자신부터 돌보는 습관을 지니자.

네 번째, 멀티태스킹(Multitasking)에 빠져 집중하지 못하는 습관을 버리자. 얼핏 한 번에 두, 세 가지의 일을 처리하는 다중작업이 멋져 보일 때가 있다. 실제로 육아하는 엄마들은 한 번에 여러 가지 일은 기본으로 해내어야만 한다. 최소한의 시간에 많은 역할을 훌륭히 잘 해낸다면 멋진 일이겠지만, 상당히 많은 사람들이 일상생활에서 멀티태스킹의 오류를 범하고 있다. 가장 쉬운 예로 운전하면서 스마트폰을 사용하여 메시지를 보내는 일은 매우 위험한 멀티태스킹이다. 운전이 아니라도 마찬가지다. '스좀비'라는 신조어는 걸어가면서 스마트폰을 보는 사람을 일컫는데, 신호를 보지 못하고 횡단보도를 걷다가 사고가 나거나, 강에 빠지거나, 계단을 구르는 등 너무나 많은 사고가 일어나고 있다. 나는 드라마를 보면서 책을 읽는 멀티태스킹의 오류에 빠진 적이 있는데, 내용을 잘 이해하지 못해서 재방송을 다시 보는 시간 낭비를 한 적도 있다. 이 외에도 운동하러 가서 집중하지 않고 기구를 옮길 때마다 중간중간 핸드폰을 본다거나, 휴식을 취할 때 잘 휴식하지 않고 딴짓하는 경우도 있다. 우리의 뇌는 한 번에 한 가지 일에만 집중할 수 있도록 설계되어 있다. 그러니, 한 가지 일을 집중해서 끝내고 다음의 일을 진행한다면 훨씬 알차고 효율성을 올릴 수 있으며, 시간 또한 낭비하지 않게 됨을 기억하자.

이 외에도 인생에서 버려야 할 안 좋은 습관은 정말 많다. 소셜미디어에 지나치게 의존하는 습관, 해야 할 일을 자꾸 뒤로 미루는 습관, 다른 사람과 자신을 비교하며 자신을 비하하는 습관, 너무 깊이 생각하고 잔걱정을 많이 하는 습관, 완벽주의자도 아니면서 완벽을 추구해서 자신을 괴롭히는 습관, 해보지 않고 자신의 한계를 정하는 습관 등 인생에서 버려야 할 습관은 정말 많다. 더 나은 삶을 살기 위해서는 부정적인 습관을 버리고 긍정적이고 건강한 습관을 기르자. 작은 변화가 큰 차이를 만들고, 그 변화가 쌓여 어느새 더 나은 삶을 살아가고 있음을 느낄 것이다. 오늘부터는, 이 습관들을 버리고, 보다 행복하고 건강한 삶을 만들어보자.

무한 긍정보다 현실적인 낙관론자

　고씨 성을 가진 사람들의 별명은 백발백중 고구마, 고무신, 고양이, 고등어 중에 하나다. 나 또한 어렸을 때 고구마, 고무신으로 불렸던 적이 있는데 초등학교(당시에는 국민학교였다.) 시절, 내 별명은 미스고였다. 당시 어떤 가요의 가사에는 미스고가 등장했었는데, 반에서 좀 까불거리던 남학생이 내 앞에 와서 그 노래를 부르고 장난을 치면 어린 마음에 성을 바꾸고 싶다는 생각까지도 했었다. 그 이후 쭉 별명이 없던 내가 20대 중반 스스로에게 별명을 붙였다. 일단은 지겹도록 불렸던 '고'를 지우고, 거기에 '긍'을 넣어 만든 내 별명 '긍정선'이다. 나는 그때부터 내 인생의 절반을 넘게 '긍정선'으로 살고 있다. 지금 와서 고백하자면 그 별명은 부정과 비관적인 내가 스스로를 일으키기 위해 희망 사항으로 만든 별명이었고 '긍정선'으로 살게 되면서 내 성격은 정말 많이 변했다. 마치 세상에 못 이길 것은 없는 사람처럼 "무조건 괜찮다. 잘될 거다. 아무것도 아니다."라며 하루하루를 살았는데, 지나고 생각해 보니 괜찮지 않았고, 잘 되지도 않았고, 힘든 일도 많았지만, 겁 없는 젊음이 있었기에 그 시간을 잘 보낸듯하다.

그런데, 무조건적인 긍정은 진정한 긍정이 아님을 깨닫는 일들이 자꾸만 생기기 시작했으니, 믿었던 사람의 배신으로 앞과 뒤가 다른 인간의 이중성을 알게 되었고, 아무리 파이팅을 해도 좋아지지 않았던 현실들과 직면하면서 "이건 문제가 있구나."라며 긍정의 배신을 경험했다. 사실 가장 큰 문제는 나 자신이었다. 내 몸을 돌보지 않으니 오래 지속된 감기로 목 점막이 손상되었고, 피를 토하는 순간에도 득음인가 하고 바보 같은 긍정적 해석을 한 것이다. 팀원의 손에 이끌려 갔던 병원에서 목 점막의 출혈은 다양한 원인이 있는데, 목은 민감한 부분이므로 큰 문제가 생길 수도 있으니, 검사를 하자 했지만, 나는 듣지 않았다. 다행히도 큰 문제가 아니었으나, 지금 생각해 보면 아주 미련하기 짝이 없었다. 그것은 긍정이 아닌, 바보 아닌가? 또한, 무한긍정은 때때로 지나친 자신감과 자만을 만들기도 해서 버거운 상황임을 알면서도 내가 하겠다고 해놓고 힘들었던 적이 많았다. 주변의 걱정에도 "그럴 리 없어, 나는 잘할 거야, 잘하고 있어."라고 타인의 조언이나 피드백을 무시하고, 지나고 나서 후회할 일도 겪었다. 위험을 과소평가하고 주변인의 말을 듣지 않으니, 생각해 보면 그 상황들은 현실을 현실감 있게 인지하지 못한 큰 실수였다.

여러 번 긍정에 대한 배신을 경험하며 살아온 나는, 40살의 나이에 접어들었을 때 내 삶의 방향을 새롭게 정의했다. 불혹(不惑), 이제는 더 이상 흔들리지 않는 나이, 어떠한 의혹이나 유혹에도 흔들리지 않는 마흔, 인간이 100세까지 산다고 해도 40이면 거의 절반을 돌아가지 않는가? 난 내 인생의 새로운 전환점에서 '긍정선' 앞에 '현실적인 낙관론자'를 붙였다. 더 이상 무한긍정에 속지 않고 현실을 직시하면서도 긍정의 에너지를 유지하며 할 수 있는 최선의 방법들로 인생을 살아갈 결심을 하면서 말이다. 여기서 주의할 것은 '낙천'이 아닌 '낙관'이라는 것인데, '낙천'은 무조건 잘될 것이라는 수동적인 해석을 하지만 '낙관'은 미래나 결과에 대한 긍정적으로 전망하면서도 앉아 있지 않고 현실적으로 노력하는 것이다. 짧지도 길지도 않은 인생을 살며, 나는 이렇게 삶의 방향을 잡게 되었다.

지금부터는 경험으로 깨달은 '현실적인 낙관론자 긍정선'이 인생을 살면서 어려움이 생겼을 때 극복해 나가는 방법을 알려주겠다.

첫 번째, 상황을 정확히 파악해야 한다. 낙관주의는 현실을 왜곡하거나 외면하지 않는다. 발생한 문제의 내용을 객관적으로 바라보고 문제의 본질을 파악해야 한다. 사실 내가 가장 힘들었던 부분인데, 감정적이었던 젊은 시절에는 어떤 문제가 발생하면 일단 그 문제의 근본을 아는 것이 두려워 회피하며 "괜찮다. 괜찮다."부터 되뇌었던 거 같다. 그것이 긍정인 줄 착각했던 어리석음임은 지나고 깨달았다.

두 번째, 그 상황에 대한 긍정적인 태도를 고수하되 현실적이고 비판적인 사고로 대안을 모색해야 한다. 문제가 발생하면 상황을 냉정하게 바라보는 것은 경험상 참 힘든 일이었는데, 인간이라면 누구나 당황하는 상황에서는 회피하고 싶지만, 이미 발생한 상황을 인지하며 현실인지와 함께 대처를 세우는 것은 매우 어른스러운 자세다.

세 번째, 문제해결을 위해 대처 계획을 세워야 한다. 상황 파악과 내용분석이 끝났으니, 어떻게 해결할 건지에 대한 현실적이고 구체적인 대처 계획을 세우는 것이다.

네 번째, 세운 계획대로 실천해 나간다. 긍정적인 생각을 가지고!

어떤가? 생각보다 간단하지 않은가? 나는 늘 이 네 가지 단계에 맞춰 생각하고 행동하고 있다. 과거로 돌아가서 회사에서 회의하던 도중 기침을 하며 피를 토했다면? 나는 일단 회의가 끝나자마자 병원에 갔을 것이다. 그리고 의사 선생님의 진료에 따라 정밀 검사를 하고 상태가 심각하면 휴직해서라도 입원할 것이고, 통근 치료가 가능하다면 회사를 빠져서라도 치료를 받을 것이다. 이후에는 다시 나빠지지 않도록 관리할 것이다.

몇 해 전, 자궁 적출을 경험한 나는 나의 무한긍정을 매우 후회한다. 안이한 내 태도로 충분히 치료할 수 있었던 순간들을 놓친 것을 알고 있기 때문이다. 첫째 아이를 17시간 진통 끝에 낳았을 때도 마찬가지다. 아이의 머리는 마치 콘헤드처럼 길었고, 나는 눈에 핏줄이 다 터져 흰자 없는 검은 눈동자만 있는 일본의 귀신 야미모노가 되어 있었으니, 그 기억들은 나에게 '웃픈 긍정선'이다.

"하면 된다, 괜찮아, 무조건 잘 될 거야." 그런 건 세상에 없다.

"하면 무조건 잘 되는 건 없다."는 것을 기억하자. 나는 독자들이 긍정적이되 현실적으로 계획하고 실천해서 인생에 후회하는 일을 만들지 않기를 바란다. 단순히 세상을 긍정적으로 바라보는 것만이 최고가 아님을 알기를 바란다. 인생에서 무조건적인 긍정을 해야 하는 건 나의 존재, 단 한 가지다. 나 자신을 긍정하지 않으면 타인도 나를 긍정할 수 없기에 딱 나만 긍정하자! 그리고, 현실을 회피하지 않고, 차근차근 문제를 해결하는 성공적인 삶을 살아가자.

무조건 피해야 할 남자(여자)

연애도 인간관계의 한 형태다. 만약 당신이 결혼 생각이 있다면 인생에서 가장 중요한 관계는 연인일 것이며, 비(非)혼주의자라고 하더라도 연애라는 것을 한다면 가장 중요한 관계는 연인일 확률이 높다. 결혼을 선택한 나는 내 인생의 절반 이상을 지금의 남편과 보내고 있다. 반백에 가까워지고 있는 내가 24살에 만나 33살에 결혼한 내 남편은 19살에 돌아가신 아빠보다, 부산에 계신 엄마와 가족들보다도 더 오랫동안 가장 가까이에서 지내고 있으며, 앞으로도 그럴 것이다. 혈연은 아닌 인간관계 중 가장 가까운 사람은 친구도, 동창도 아닌 사랑이라는 이름으로 만난 연인이 확실하다.

연애의 목적이 결혼이 아니어도 누구를 만나서 친밀한 사이가 된다는 것은 정말 행복한 일이기도 하고, 만약 평생을 함께하겠다고 약속까지 한다면 전생의 *끈끈한* 인연이었을지도 모르지 않는가? 그러나 최근 우리나라의 2030들은 고물가와 경제 불황으로 삶의 여유를 잃어 연애도 결혼도 출산도 안 하는 메마른 삶을 선택했고, 그나마 하는 연애는 초스피드로 만나고 헤어지고를 반복하기도 하며 그러기에 깊은 관계로 발전하기가 어려운 게 현실이다. 문제는 이성을 보는 안목이 없는 사람들이, 만나면 안 되는 사람과 교제하다가 연인 간의 데이트폭력, 급기야 사망사고까지 비일비재하게 일어나고 있다. 나는 2명의 자식을 둔 엄마로서 그런 뉴스를 볼 때마다 너무나 무섭고 슬프고 억울한 상황에 속이 답답한 적이 한두 번이 아니었다. 그래서 독자들에게 절대 만나면 안 되는 이성에 대해 얘기하려 한다.

나는 수많은 웨딩을 진행했던 웨딩 이벤트 전문가로, 수백 쌍의 연인들을 매우 가까이에서 지켜본 경험이 있다. 결혼 준비는 단순한 연애와는 다른, 매우 복잡한 과정을 거친다. 그 과정에서 자금 문제, 가족 문제 등 민감한 문제들이 얽혀 있어, 이를 가까이에서 지켜보며 많은 것을 느꼈다. 짧게는 몇 달, 길게는 1년 이상의 시간을 보내며 그들의 사랑과 갈등, 고민을 직접 경험했고, 몇 쌍의 커플은 본식 당일을 맞이하지 못하는 안 좋은 결론을 경험하기도 했다. 또한 2030세대의 젊은 직원과 일하면서 업무 외에도 멘탈 관리가 필요할 때가 많았는데 그들이 겪는 문제 중 상당수가 이성 문제와 관련이 있었고, 이는 종종 사회생활에도 영향을 줌을 알 수 있었다. 연애가 개인의 삶, 직장, 꿈, 행복과 상당히 큰 연관성이 있다는 것이며, 나의 이런 경험들은 독자들에게 '만나면 안 되는 이성'에 대해 경고할 수 있는 신빙성을 높여 줄 것이다.

이런 이성은 절대로 만나지 말아야 한다.

주사, 집착, 폭력, 중독, 허세는 웬만해서는 극복하기가 어려우니 조심하자. 평소엔 멀쩡한데 술을 마시니 다른 사람이 된다면, 그 사람의 본성과 감정조절 능력에는 문제가 있을 것이다. 술로 인해 예측불허 행동을 하게 될 것이며, 자기 통제가 불가능해지면 어떤 행동을 할지 모른다. 그러니, 주사가 있다면 일단 고민을 해야 한다.

남자고 여자고 집착은 상대방을 사랑한다는 합리화와 함께 간섭하다가 통제하고 급기야 그것은 폭력으로 이어져 최악은 살인까지 가기도 한다. 집착은 과한 소유욕과 함께 불안에서 비롯된 행동으로 상대방의 자유를 제한하고, 개인의 공간을 침해한다. 최근 자주 반복되고 있는 사건 중에 헤어지자고 하는 연인을 찾아가 해하는 경우를 뉴스에서도 많이 보았다. 사랑의 탈을 쓴 "사탄"이다. 사랑하면 믿어야 하고 존중해야 하기에 집착은 절대 사랑이 아니니 착각하면 안 된다. 상호 존중과 신뢰를 기반으로 하지 않으면 연애는 오래 지속될 수 없다. 그리고 남녀불문 이유를 막론하고 폭력을 쓴다면 바로 끊어 내야 한다. 폭력은 신체적인 것뿐만이 아니라, 감정적, 정신적 상처까지 남긴다. 특이하게도 폭력을 행사하는 사람은 미안하다고 무릎 꿇고 비는 특징이 있는데, 분명히 말하지만 절대로 고쳐지지 않는다. 가장 이른 시간 안에 칼같이 끊어내야지 질질 끌려가다 보면 시간이 갈수록 심각한 문제에 이르게 될 것이다. 혹시나 "너를 너무 사랑해서 그런 거다."라고 하니 "나 하나 희생해서 저 사람 인간 만들어 보자."라는 식의 희생정신이라면 개의 탈을 쓰고 있는 인간에게 봉사하지 말고 차라리 유기견 봉사활동을 하는 편이 낫다. 참고로 집착과 폭력은 세트이니 두 가지 모두를 함께 생각해 보길 바란다.

친구와의 모임이 유난히 많거나, 술을 너무 좋아한다거나 게임이나 취미생활에 중독될 만큼 심취해 있다면 그것도 문제가 있다. 그 중독은 어느새 이성에게 집착하는 형태로 겹치게 될 확률이 높으며, 어떤 종류의 중독이든 간에 시간이 지남에 따라 개인의 삶, 관계, 직장, 건강 등 여러 방면에 심각한 영향을 미친다. 중독은 단지 습관적인 행동이나 취미를 넘어서, 신체적, 정신적, 경제적, 그리고 사회적 문제를 일으킬 수 있음을 기억해야 한다.

혹시 유독 차 부심에 빠져 있는 사람을 보았는가? 경제력이 충분히 된다면 비싼 차를 타는 것이 이상할 게 없지만, 만약 그의 소비 형태가 경제력에 비해 과해 보인다면 생각을 좀 해봐야 한다. 왜냐하면 허세를 부리는 사람은 내면적으로 불안감이 큰 경우가 많고, 앞서 언급한 바와 같이 실제로 디드로효과로 인해 명품에 대한 소비가 많을 것인데, 그것이 허세라면 자신을 과시하려는 욕구 때문에, 상대방의 우위를 점하려고 하고, 그것은 또 집착과도 이어진다. 기억하라! 명품은 내 돈 내고 내가 사라고 했다. 처음엔 허세가 멋져 보일 수 있으나, 나이가 들면서 겸손이 더 멋져 보이게 될 것이다.

나는 내 인생이 나름대로 성공적이라고 생각하는데, 그 이유는 분명하다. 그것은 바로 나의 남편과 결혼했기 때문이다. 내 남편은 나의 급한 성격, 다혈질 성향을 어른스럽게 돌봐주었고, 무엇보다 나를 속박하지 않았다. 20대 시절 나는 스트레스 해소법이 두 가지가 있었는데, 하나는 조신하게 앉아 한 땀 한 땀 채워나가는 십자수였고, 또 하나는 클럽에서 밤새 춤을 추는 음주가무였다. 당시 홍대 앞에 살았던 나는 퇴근 후 종종 클럽에서 밤을 새운 적이 있는데 남편은 그런 나의 개인적인 사생활에 크게 간섭하지 않았으며, 시간이 지나면서 나를 믿고 존중해주는 그만의 사랑 방법임을 알게 되었다. 만약 그 시절 나를 속박하고 간섭했다면 9년간의 긴 연애가 이어질 수 있었을까? 물론 결혼하고 살아보니, 결혼식에서 내가 읽었던 사랑의 서약 중 한 대목인 "당신을 존경합니다."를 가끔 후회하기도 하지만 나는 여전히 남편과의 결혼이 내 인생에서 가장 큰 성공이라고 생각한다.

'집착'이라는 이름의 가짜 사랑이 아닌, 진심의 사랑은 결실을 본다. '허세'가 아닌 '겸손'과 '배려'는 인생의 가장 중요한 인간관계인 사랑의 결실을 맺게 해준다. 나 자신도 변화시키기 어려운 세상, 남을 변화시킬 수 없기에 혹시라도 개과천선에 대한 망상을 사랑으로 오인하고 있다면 꿈 깨기를 바란다. 주사, 집착, 폭력, 중독, 허세 (주집폭중허)는 절대 NO임을!

제6장

평온하고도 특별할 내일의 우리

그 어떤 감동적인 날들

시간이 멈추거나 왜곡된 것처럼 느껴지는 순간, 인간은 자신이 겪어온 삶을 되돌아보게 된다고 한다. 죽음을 마주하게 된 순간 인생에 대한 회상을 '주마등처럼 순식간에 지나갔다"고 표현하는 것을 들어본 적이 있을 것이다. 주마등(駐馬燈)이라는 말은 말 그대로, 말이 달리며 달리는 중에 켜진 등불이 지나가는 것처럼, 순식간에 지나가는 시간이나 순간적으로 떠오르는 기억을 말한다. 큰 사고를 겪은 사람들은 갑작스러운 불의의 사고 순간에 지금까지 살아온 시간과 경험이 한꺼번에 떠올랐다고 하는데, 인생이 유한함을 깨닫는 그 순간에 주마등처럼 흘려보내는 순간들은 어떤 순간일까? 착착 감기는 필름처럼 순식간에 흘려보낼 나의 주마등 같은 순간들을 나도 생각해 본다.

　나는 거의 십여 년 동안 살아온 아파트 곳곳에 어떤 꽃이 피는지 잘 몰랐다. 직장을 그만두고서야 계절마다 피고 지는 꽃들을 알게 되었고, 어느 꽃이 어디에 있는지도 눈에 들어오기 시작했다. 우리 집 베란다 문을 열면 벚꽃길이 펼쳐져 있는데, 봄이 오면 사람들이 찾아오는 벚꽃 명소라는 사실을 알았지만, 그 길을 걸어볼 생각은 해본 적이 없었다. 그런데 퇴사 후 맞이한 첫 봄, 나는 그 길을 수없이 걸어 다녔다. 집에서 내려다보는 것과 그 아래에서 걸으며 올려다보는 것은 정말 다른 아름다움이었는데 그렇게 벚꽃길을 걸어 다니다가 그 길의 초입에는 다른 벚꽃이 핀다는 사실을 알게 되었다. 다른 벚꽃들보다 유난히 풍성한 꽃잎에 색감도 훨씬 화려한 그 나무는 다른 벚꽃들이 모두 지고 난 뒤에도 오랫동안 아름다움을 자랑했는데, 나는 이 나이 먹을 때까지 그 벚꽃이 겹벚꽃인지 몰랐다는 게 참 부끄럽게 느껴졌다. 그리고 마치 핑크 팝콘 같은 그 겹벚꽃 나무를 발견한 순간을 잊지 못한다. 사진으로 찍고, 영상으로 찍고, 눈으로 담는 것도 아쉬워서 내 SNS에 BGM까지 넣어 저장했다. 따스한 봄바람이 부는 그날, 머리 위로 흩날리는 핑크색 팝

콘이 내 기억 속에 한 장의 사진처럼 선명히 담겼다.

거의 20년 전의 일이다. 출장예식을 의뢰받고 강원도로 출장을 갔다. 작은 시골 마을 안에 위치한 마트에서의 예식이었는데, 내가 했던 모든 행사 중에 최악의 장소로 기억 남는 그곳은 낮은 천장과 접이식 의자, 구석구석엔 거미줄, 신부대기실로 정한 좁은 창고, 입장과 동시에 주례 단상에 도착해 버리는 너무나 짧은 동선 등 예식을 하기에는 모든 것들이 매우 열악했다. 그럼에도 정말 사랑스러운 신랑신부의 행복한 표정과 온 마을 사람들의 진심 어린 축하 모습은 지금도 생생히 기억에 남아있다. 서울에서 돌고 돌아 내려온 유행이 다 지난 웨딩드레스도 눈부시기만 했고, 누구 한 명 예외 없이 신랑신부의 축복만을 빌어주는 하객들의 모습과, 그 모습을 사랑스럽게 지켜보셨던 양가 부모님, 또한 힘들었던 준비 과정을 다 잊고 우리가 더 행복하다던 우리 행사팀까지 그날의 기억은 감동 그 자체였다. 예식장에선 필수인 식권 체크나 인원 체크용 스티커 부착도 없이 누구나 밥을 먹고 축하하는 마을 잔치가 끝나고, 서울로 돌아오기 위해 장비를 다 싣고 인사를 드리는 순간이었다. 어디선가 뛰어나오신 신부 어머님의 손에는 떡과 과일과 음료수가 한가득 들려 있었는데, 먼 길 조심히 가라며 음식을 바리바리 싸 오신 것이다. 그리고, 한 명 두 명 친척 이모님, 동네 삼촌, 이웃 주민분들이 모이시더니, 이내 열 명은 넘어 보이는 마을 사람들이 서울에서 온 행사팀 떠난다며 조심히 가라며 손을 흔드셨는데, 나는 행사 차량 조수석에 앉아 백미러를 보며 손을 흔들면서 서울로 출발했다. 뒤에 앉아 있던 여자 스태프가 "너무 감동이에요~!"라며 눈물을 흘리는데, 그 상황이 굉장히 어색하고 뭔가 오글거리는 느낌마저 들었지만, 우리 팀 모두는 인생에 큰 추억 하나를 선물 받은 기분이 들었다. 백미러로 봤던 손 흔들며 멀어지는 그분들의 모습이 나에겐 또 기억 속 한 장의 사진으로 남았고, 내가 20년이 넘도록 그 길을 갈 수 있게 만들어준 계기가 되는 행사였다. '이벤트는 받는 사람보다 하는 사람이 더 행복함'을 느끼며 오랫동안 나도 그렇게 행복했다.

죽을 거 같은 진통 후, 방금까지 내 배 안에 있던 아이가 말랑하고 따뜻한 느낌으로 내 가슴 위로 올라왔던 순간, 눈이 잘 오지 않는 부산에서 함박눈이 내린 어느 날 아빠가 만들어서 집안으로 가지고 들어 온 깡통 위의 작은 눈사람, 수없이 많은 다른 신랑신부의 행진이 아닌 남편과 팔짱을 끼고 함께 걸었던 버진로드, 내가 좋아하는 가수의 자필 편지가 집에 도착해, 편지 속에 내 이름을 봤던 순간, 그리고 대학 합격 소식을 들었던 순간까지.

순식간에 떠오르는 기억들은 이렇게나 많다. 나에게도 주마등처럼 흘러가는, 소중한 순간들이 차례차례 떠오른다.

극단적 상황에서 죽음이 임박했음을 직감한 많은 이들은 사랑하는 사람들에게 마지막으로 이렇게 전한다. "사랑해...미안해..." 그리고 그런 경험을 한 사람들은 입을 모아 말한다. "일상에서 잊고 살았던 행복이 얼마나 큰 것이었는지 이제야 알 것 같다."고. 물질적 욕망과 세상의 모든 고민은 무의미해지고, 결국 사랑과 평화로운 마음이 가장 중요함을 깨닫게 되는 순간이다. 어쩌면 우리는 하루하루가 감동적일지도 모른다. 그걸 깨닫지 못할 뿐, 사소한 일상도 모두가 소중한 감동으로 가득할 수 있다. 지금까지 살아온 날 중에서 그런 감동적인 순간들을 떠올려 보자. 그리고 내일, 또 다른 감동적인 순간들을 만들어 보자.

딸이 만들어준 명품 그립톡

"엄마, 내가 요즘 좀 바빠서 그러니까 조금만 기다려. 다음 주에 다른 디자인으로 다시 만들어 줄게!" 내 부서진 그립톡을 본 딸이 말했다. 38살 늦은 나이에 낳은 초등학생인 둘째 딸은 전에 만들어 줬던 내 핸드폰의 그립톡이 부서지자 마치 큰일이라도 생긴 거처럼 심란한 표정을 짓고 있었다. "아니야! 엄마 딸! 바쁘면 안 만들어 줘도 돼, 괜찮아, 정말 괜찮아!" 그러나 며칠 뒤 지난번과 거의 똑같아 보였으나, 딸이 말하길 "디자인이 완전히 다르다"는 새 그립톡이 내 핸드폰에 다시 붙었고 흐뭇한 표정을 지으며 "엄마 맘에 들어?"라고 했다. "어... 어... 그럼~! 너~무 이쁘다! 고마워!" 나는 웃으며 딸에게 고맙다고 했다.

엄마들끼리의 대화에서 이런 말을 들은 적이 있다. "우리 애가 자꾸 쓰레기를 만들어." "어머, 그 집도 그래? 우리 집도 그래, 버리면 난리가 나! 집에 계속 쌓여가." "그래서 나는 얘가 없을 때 조금씩 버리잖아!" "아, 그러면 되겠네? 티 안 나게 조금씩 버리기~하하하."

그렇다. 아이를 키워본 부모라면 알겠지만, 아이들은 자꾸만 무엇을 만들고, 유치원과 어린이집에서는 계속해서 무언가를 만들어서 가져온다. 그리고 선물이라며 주고, 붙이고, 얼마나 뿌듯해하는지. 엄마들은 그걸 "버릴 수 없는 귀여운 쓰레기"라고 표현하기도 하지만, 아주 가끔 열 번에 한 번 정도는 유용하게 쓰이는 것을 만들기도 한다. 가령 아이의 얼굴이 프린트된 사랑스러운 머그잔을 만들어 온다던가, 손수 만든 나의 핸드폰 그립톡처럼 말이다. 고사리손으로 엄마를 생각하며 만든 핸드폰 그립톡은 장인이 만든 명품도 아니지만 귀여운 쓰레기도 아니다. 세상에 하나뿐이며, 그것도 수제이기에 가격만 빼면 명품 아닌가?

나는 명품 브랜드에서 오랫동안 매니저로 일한 지인이 있다. 그 지인은 담당했던 VIP 고객님의 생일파티를 해드렸던 얘기, 한참 어린 고객에게 무시당했던 얘기, 하루에 몇천만 원을 결제한 고객에 대한 얘기 등 마치 드라마 속 이야기를 보는 듯한 흥미로운 이야기를 해주었다. 그중에서도 가장 기억에 남는 것은 바로 진품과 가품을 구별하는 법이었는데, 그 설명을 듣고 나서는 그 브랜드의 제품을 보면 저건 가품, 저건 진품을 구분하는 재미가 붙었다. 그런데 어느 날, 지하철을 탔는데 내 앞으로 앉아 있는 사람 9명 중 4명이 그 브랜드의 제품을 들고 있는 것이다. 그 브랜드의 로고는 흔해서 길거리에서 자주 보지만 여전히 고가임은 분명한데 내 눈에는 그 상황에서 가품, 진품을 구별하기가 힘들었다. 이 얘기를 지인에게 해줬더니 "언니, 사실 나도 가까이서 안 보면 잘 몰라요. 근데 진품이면 뭐해요? 이상한 사람이 들면 그게 진품이라도 짝퉁 같아 보여요. 저 그런 사람 진짜 많이 봤거든요. 매장에서 사서 들고 나가는데도 짝퉁 같더라고요."라고 웃으며 말했다. 그 얘길 듣고 나와 함께 들었던 모든 이가 고개를 끄덕이며 공감한 적이 있다. 하긴 맞는 말이다. 어쩌면 돈으로 환산할 수 있는 모든 것들은 별 의미가 없을 수도 있다. 반대로, 돈 주고 살 수 없는 것 중에는 세상 그 무엇보다도 가치 있는 것들이 있다. 내 아이가 만들어준 그립톡 같은 건 돈 주고 살 수 없지 않은가?

우리는 세상을 살아가면서 돈 주고 살 수 있는 것보다 돈 주고는 못 사는 그 무엇을 소유하고 있는지를 찾아볼 필요가 있다. 돈으로 살 수 없는 소중하고 의미 있는 물건들은 대부분 감정적이고 개인적인 가치를 지닌 것들인데, 부모님이나 친구에게서 받은 추억이 담긴 물건이나, 사랑하는 사람에게서 받은 손 편지나 특별한 날의 선물이 다른 어떤 것보다 의미와 가치가 있을 것이다. 나는 얼마 전 남편에게서 '추억의 물건'이라며 박스 하나를 받았다. 어렴풋이 기억나는 그 박스 안에는 우리가 1,000일을 기념하며 63빌딩 스카이라운지에서 찍은 사진과 엽서가 들어있었다. 손발이 오그라드는 놀라움으로 얼른 뚜껑을 덮었지만, 그 안에 같이 들어있었던 스티커 사진, 편지, 메모들은 '우리 부부의 사랑 증표'다. 또한 누군가에게 받지 않아도 자신의 노력과 시간이 담긴 창작물도 영원히 소중한 물건이 될 수 있다. 나는 취미로 했던 십자수 작품들이 많이 있는데, 한 땀 한 땀 공을 들여 완성한 작품이기에 나에겐 정말 소중한 물건이며 죽을 때까지 버릴 수 없을 것 같다.

　　가족의 유산이나 세습되는 물건은 말할 가치도 없다. 가족이나 조상으로부터 물려받은 물건은 그 물건 자체의 역사와 의미가 더해져 돈으로는 대신할 수 없는 특별한 가치를 지닌다. 나는 결혼할 때 시외할머님께서 한복을 손수 지어 주셨다. 내 시어머니의 어머니께서는 안동에서 한복점을 하셨는데 나를 안동으로 불러 직접 치수를 재셨고, 빨강 치마, 노랑 저고리의 새신부 한복을 정성스럽게 만들어 주셨다. 현대적인 색감과 디자인은 아니지만, 나는 그 전통한복이 무척 마음에 들어서 웨딩촬영에서도 입었는데, '손주를 사랑하는 할머니의 마음'으로 잘 보관 중이다. 이 외에도 경험과 순간을 담은 사진이나 물건은 시간이 지나도 가치를 잃지 않고, 언제나 소중히 느껴진다.

값비싸고 실용적이고 편리하고 좋은 물건을 많이 소유하는 것은 일상에 편안함과 만족감을 줄 수 있다. 그러나 좋은 기억과 추억이 담긴 물건들은 물질적인 가치 이상으로 더 큰 정서적 가치를 지닌다. 기억, 추억, 사랑의 감정은 인생에서 진정으로 소중한 것들을 깨닫게 해주며, 삶의 행복감을 올려준다. 그러므로 우리는 누군가에게서 받은 의미 있는 물건들을 찾아보고 그 물건들이 주는 소중한 감정을 느껴보는 것이 중요하다. 또한, 나도 누군가에게 그런 감동을 줄 수 있는 삶을 살아가길 희망해 본다.

행복한 내일을 위한 인생템 찾기

인생은 누구나 다르게 살아가는 개인적인 이야기이자 한 사람의 긴 여행이다. 사람은 살아있는 동안의 매 순간순간에 의미를 만들고 목표와 가치관에 따라 의미를 부여한다. 어떤 경험을 통해 무엇을 배우고, 성취할 것인지, 또 무엇을 사랑하며, 원하며, 의미 있는 삶을 살 것인지 끊임없이 고민하는 개인만의 여행이다. 그 여행에서 어떤 의미를 발견하고, 어떻게 살아갈지에 대한 답은 자신만이 찾을 수 있는데, 인생이라는 의미가 결국 자기의 특별한 이야기이기에 개인마다 특별함이 묻어나는 것들이 존재한다. 그 특별한 것들 앞에 '인생'이라는 두 글자를 붙이면 말 그대로 사람의 인생에서 최상급의 표현이 되는데, 인생 영화, 인생 맛집, 인생 드라마, 인생 뷰, 인생 맥주, 인생 몸매, 인생 노래, 인생 책, 인생 공연... 등 이렇게 수많은 인생템들이 만들어진다. 어쩌면 사람이 세상을 살아가는 일, 인생은 이런 인생 아이템들을 하나하나 찾아나가는 여정이 아닐까?

  인생 가방, 인생 차, 또는 너무너무 편한 인생 운동화와 같이 물건을 통해 느끼는 소유의 만족도 있으며, 긴 여운이 남아 인생의 변화까지 끌어내는 인생 책이나 인생 드라마는 삶을 바꿀 수 있는 결정적 변화의 계기가 되기도 한다. 사람은 어떠한가? 어머니 팬들의 문화적 아이콘으로 자리 잡은 한 트로트 가수는 단순히 가수가 아니다. 자식들도 하기 힘든 어머니들의 삶에 위안이 되어 주고 있으며, 자기 자식처럼 아끼는 사랑하는 마음으로 똘똘 뭉쳐 커뮤니티를 형성하고, 그 안에서 서로 동질감을 느껴 인간관계의 확장까지 만들고 있다. 그 가수가 방문한 곳을 성지순례 하듯 함께 여행하면서 특별한 인연을 이어가기도 하며, 그로 인한 감정적 위로와 삶의 즐거움은 젊은 시절로 돌아간 느낌마저 느끼게 해준다고 한다. 마치 10대 소녀의 모습처럼 해맑게 응원봉을 흔드는 전국 수만 명의 팬들은 그 가수 1명의 존재로 인생이 바뀌었다고 하니 인생 가수 아니고 무엇이겠는가? 노래를 통해 감동을 주고 수많은 사람들에게 삶의 낙을 안겨주는 가수라니, 정말 위대해 보인다.

　혹시 지금 당장 떠올릴 만큼 감명받은 인생 영화나 인생 책이 있는가? 만약 있다면 정말 행복한 사람이다. 나는 유독 실화를 바탕으로 한 영화에 감명을 받는 사람이라, 영화를 보기 전에는 꼭 스토리에 대해 확인하는 버릇이 있다. 실화에 기반한 영화는 현실에서 실제로 일어난 사건이나 인물을 다루기 때문에, 그 이야기가 더욱 신뢰감 있게 다가오기도 하며, 영화 속 주인공이 경험한 어려움이나 성공이 관객에게 더 큰 영감을 준다. 때때로 역사적, 시대적 배경과 사회적 맥락 속에서 일어난 중요한 사건들을 조명하거나, 그 안에서 인간의 심리 상태와 내면에 대한 감정선들이 잘 표현된 장면을 볼 때면 마치 내가 그 인물이 된 느낌도 들며, 그 결과가 감동적이라면 나는 매우 큰 감명을 받는다. 우리가 현실에서 겪을 수 있는 어려움을 영화 속 인물이 이겨 낸 모습을 보며, 나도 그와 같은 도전에서 이겨 낼 수 있는 용기를 얻고 삶에 대한 긍정적인 자세를 가질 수 있게 되니, 그런 인생영화 한 편은 한 사람의 삶에 지대한 영향을 끼칠 수도 있다. 나에게도 인생 영화가 있는데, 행복을 주제로 한 영화로써 꿈과 희망에 대해 많은 생각을 하게 만들었다. 그리고, 내가 힘들거나 포기하고 싶었던 순간에도 그 영화는 나의 마음을 잡게 해준, 말 그대로 인생 영화가 되었다. 인생 영화는 결국 삶을 살아가면서 끊임없이 되새기게 만드는 삶의 진리이자 에너지가 될 수도 있으니, 수많은 영화 중에 그런 의미를 주는 영화를 꼭 찾아보기 바란다.

참고로 남들이 말하는 인생 영화나 인생 책이 반드시 모두에게 그렇게 느껴질 수는 없다. 그 이유는 각자의 경험과 감정, 가치관, 취향에 따라 누군가에게는 깊은 의미를 지닌 작품이지만 다른 사람에게는 그저 지나쳐 버릴 수 있는, 주관적 경험이 중요한 요소로 작용하기 때문이다. 누군가가 중요하게 여기더라도 그 의미가 자신에게 맞지 않으면 특별한 감정을 느끼지 못하듯이, 자신의 인생템은 그 무엇이라도 가능하며, 어떤 것이라도 사실 상관할 바 아니다. 무슨 상관인가? 본인에게 그것이 감동으로 와닿는다면 더 이상 수식어는 필요가 없지 않을까?

한때 나는 감명 깊게 본 책을 선물하고, 영화를 추천했던 적도 있었는데, 이제는 자신만의 인생템을 찾는 사람만이 행복과 성공을 알아감을 알기에 각자의 몫으로 생각하려 한다. 대신 중요한 것은 무엇이든 인생템을 찾는 건 좋지만, 그 인생템을 만들기 위해서는 자신의 사상과 주관이 뚜렷한 것이 중요하며 안목을 길러야 함을 먼저 알려주고 싶다. 좋은 사람을 알아보는 인성, 자신에게 맞는 좋은 책을 고르는 안목, 좋은 작품을 알아보는 이해력, 좋은 물건을 알아보는 감각이라고 해야 할까? 어쩌면 그 인생템을 찾아가는 과정도 인생 공부라 할 수 있겠다.

결국, 인생템을 찾는 여정은 단순히 무엇을 선택하는 문제가 아니라, 나 자신을 더 깊이 이해하고 세상을 바라보는 시각을 넓히는 과정이다. 이 과정에서 진정으로 중요한 것은 남이 정해준 기준이 아닌, 자신만의 기준을 세우고, 그것을 바탕으로 세상과 연결되는 것임을 기억하자.

인생은 이벤트다

인생은 이벤트다. 이벤트는 보통 특별한 사건이나 행사, 중요한 일을 의미하지만, 나는 항상 이렇게 말해왔다. "이벤트란 인간의 오감 즉, 시각, 청각, 촉각, 미각, 후각을 자극하여 감동을 끌어내고, 그로 인해 눈물, 웃음, 소름, 행복, 닭살을 만들어내는 일이다"라고. 나는 이벤트업에 종사하며 이 얘기를 수백 번은 했었고, 눈에 보이고 만져지는 물건을 만드는 일은 아니지만, 보이지 않고 느껴지는 행복과 감동을 만드는 일을 하는 것에 대한 자부심으로 살아왔다. 기업의 수익을 목적으로 하는 홍보 행사를 비롯해서 가장 오랫동안 해왔던 웨딩이벤트는 장소도 식순도 특이한 이벤트웨딩을 진행했으며, 시즌별, 컨셉별 다양한 파티와 각종 쇼, 프러포즈, 박람회, 축제, 콘서트, 경기이벤트까지 경험했으니 내가 참여해 보지 못한 이벤트는 올림픽과 월드컵뿐 사실상 세상의 이벤트는 거의 다 경험한 듯하다. 수많은 행사를 기획했고, 많은 행사에서 MC로 진행했으며, 무대에 올랐다.

나는 그렇게, 어떻게 하면 더 감동적일까? 어떻게 하면 더 즐거워할까? 어떻게 하면 더 놀랄까? 어떻게 하면 더 멋질까? 늘 고민하고 또 상상하며 두근거리고, 설레는 날들을 살아왔다. D-Day를 잡아놓고, 그날을 위해 준비하며 회의하고 파이팅하고를 반복하는 삶을 살아오면서 나 또한 아주 행복했지만, 사실은 정말 고단하기도 했다. 예상치 못한 돌발상황, 천재지변과 같은 극복하기 힘든 난관에 부딪히기도 했고, 예상했던 반응과 정반대의 반응에 멘탈이 날아가 버리기도 했다. 너무나 격한 행복한 반응에 "나는 이렇게 많은 사람들을 행복하게 해줬으니, 천국에 갈 것이다"라며 우쭐댄 적도 있었다. 그렇게 나의 인생 1막은 웃고 울며 보낸 기억이 많았다면 일을 그만둔 지금의 나는 조용히 내 삶을 살며 내 인생의 이벤트를 생각하기 시작했다.

가장 먼저 했던 이벤트는 운동하며 D-DAY를 잡아놓고 보디 프로필을 찍었던 것이었고, 그와 함께 책을 읽으며 글을 썼고 문집을

발간했다. 그리고 내 인생 2막에는 어떤 이벤트들이 있을지 생각해 보았는데, 생각하면 할수록 결론은 이벤트는 정말 별것이 아니며, 그저 모든 날이 이벤트일 수 있겠다는 결론에 이르게 된다. 이렇게 말하면 내가 이벤트를 좋아해서 각종 기념일과 이벤트를 모두 챙길 거 같지만 사실은 그렇지도 않다. 너무나 많이 했기에 원이 없다는 표현이 맞을듯한데, 개그맨이 집에 와서는 거의 말을 하지 않는다는 사실과, 요리사도 집에서는 요리를 잘 하지 않는다는 말처럼 나 또한 개인적인 행사는 오히려 특별한 이벤트와 행사를 하지 않는다. 최근에는 사람도 많이 만나지 않으니, 1년에 한 번은 꼭 돌아오는 생일과 결혼기념일은 가족들과 함께 보내고 있으며, 조용히 그 의미를 새기는 것이 나에겐 가장 적절한 이벤트이며 행복인 듯하다.

그렇게 조용히 일상을 보내던 나에게 최근 좀 특별한 이벤트가 하나 있었다. 그것은 대학 동기들과의 2박 3일 동창회였는데, 특이한 건 여행이 아니라 동창회라는 것이다. 물론 전국에서 모인 친구들은 서울까지 오느라 긴 여행이었겠지만 서울 마포구 연남동의 숙소에서만 보낸 이틀은 관광도, 특별한 프로그램도 전혀 없었다. 그저, 함께 모여서 술 먹고, 밥 먹고 얘기할 곳이 필요했던 우리들은 스무 살 그때로 돌아가는 시간여행 같은 이벤트를 즐길 뿐이었다. 96학번의 우리, 40대 후반의 중년들, 꾸준히 배우의 길을 걷고 있는 배우 친구들, 누구나 알만한 국민배우도 있고, 같이 있으면 갈비뼈가 아플 만큼 웃긴 MC 친구도 있으며, 연기과 교수, 성우, 무대감독, 댄스학원 원장 등 전공을 살린 친구들과 영어 강사, 회사원, 작가, 투자전문가 등 다른 분야의 일에 능력을 발휘하는 친구와 지금의 나처럼 전업주부의 삶을 살고 있는 친구까지 저마다 다른 삶을 살아왔기에 직업도 상황도 많이 달라진 친구들이 한곳에 모였다. 풋풋했던 20살에 처음 만났던 우리는 얼마 후면 50을 바라보지만, 모두의 입에서 나온 한결같은 말이 있었는데, "이야~ 너 그대로다." "아니야~너야말로 진짜 똑같아~!"였다. 사실 말도 안 되는 소리다. 그대로면 그게 더 이상한 것인데, 한 명씩 숙소로 들어올 때마다 "그대로다."를 연발했으니, 영원히 그대로이고 싶은 우리의 맘을 우리는 그렇게 확인했다.

이틀을 거의 밤을 새우며 얘기했지만 부족했고, 또 다음 동창회를 어디서, 언제 할지 얘기했지만, 이후로 저마다의 바쁜 삶에 다음 동창회는 아직 기약이 없다. 아마도 어디선가 들어보았던 가사처럼 죽지 않고 다음에 또 볼 때까지 잘 살아 있어야 우린 다시 만날 수 있지 않을까? 동창회를 끝내고 집으로 돌아오는 길은, 내가 오랫동안 출퇴근을 했던 길이었고 수없이 많이 지나다니며 보았던 낯익은 길을 보면서 알 수 없는 행복감이 느껴졌다. 잠시 20대, 대학생 시절의 과거로 다녀온 느낌과 치열하게 잘 보낸 나의 회사 생활과 현재 내 삶의 조용한 안정이 한꺼번에 감사함으로 느껴졌고 그 어떤 이벤트보다 감동이었다.

얼마 전 뉴스에서 화제가 되었던 사연이 하나 있다. 초등학교 졸업 후 20년 만에 다시 만난 학생들과 선생님의 이야기였다. 그들은 졸업 20년 뒤, 1월 1일 1시에 학교에서 다시 만나자며 약속했고, 그들의 재회는 많은 이들에게 감동을 주었다. 20년 만에 만남을 기다리며 살아왔을 제자들과 선생님의 표정은 마치 초등학생 시절로 돌아간 듯 순수하고 반가워 보였다. 그 모습을 보면서 나는 친구들과 동창회에서 20살 때의 추억을 이야기하며 웃고 떠들던 우리의 모습이 떠올랐다. 이런 만남이야말로 세상에서 그 어떤 이벤트보다 감동적이고 의미 있지 않은가 싶다. 큰 무대나 화려한 출연진은 전혀 필요하지 않다. 진정한 감동을 주는 이벤트는, 바로 "만남"과 "추억"이다. 수많은 이벤트를 경험해 본 나는 요즘 일상에서 느끼는 소소한 행복이야말로 그 어떤 큰 이벤트보다도 더 큰 감동을 준다고 생각하게 되었다.

도파민에 중독되어 쾌락을 추구하는 것이 아닌 평범한 일상 중의 행복한 이벤트는 수도 없이 만들어낼 수 있다. 예를 들어, 20대, 30대, 40대의 마지막 날을 기념하며 친구들과 한 해의 마지막 날 파티를 여는 것은 어떨까? 또는 오랜만에 예전에 살던 동네를 찾아가 자주 갔던 식당을 방문해 보는 것도 좋을 것 같다. 좋아하는 배우의 영화가 개봉하는 날, 월차를 내고 조조할인으로 첫 번째 관객이 되는 것도 특별한 경험이 될 것이다. 졸업했던 학교를 찾아가 지금은 너무 작게 느껴지는 의자에 앉아보는 것은? 시간이 지나고 변해버린 길과 장소가 아니어도 그 공기와 느낌은 어렴풋이 기억날 것이며, 그러다 우연히 누군가를 만난다면 그 또한 엄청난 이벤트 아닐까? 사실 이 이벤트는 다 나의 경험이다. 평범한 날을 특별한 날로 만들었던 추억이 가득한 나만의 이벤트들이 생각해 보니 나에게도 많이 있었다.

아무 의미 없이 그냥 만나서 이런저런 수다를 떨다가 시간이 되면 안녕하고 바로 헤어지는 의미 없는 날 말고 나에게 특별한 하루하루를 만들기 바란다. 과거는 지나갔으니 잊으라는 말을 많이 하지만, 과거의 나도 나이며, 현재의 나도 나이기에 추억에 얽매여 마냥 그리워하는 것만이 아니라면, 과거의 슬픔도 기쁨도 느껴볼 수 있는 시간은 삶에 큰 이벤트가 될 수 있다. 그리고 현재의 내가 과거로부터 왔음을, 현재의 나는 언젠가 과거의 내가 됨을 기억한다면 매일매일 우리는 얼마나 행복하기 위해 노력해야 할까? 그리고 온전한 하루를 보낼 수 있음은 얼마나 큰 감동인가? 우리의 매일은 이벤트다. 내가 기획하고, 총괄하고, 진행까지 하는 나의 인생 데이들을 지금부터 만들어보자.

나만의 선택으로 만드는 특별한 내일

우리는 흔히 '행복'을 도달해야 할 목표처럼 생각하고 살아간다. 그리고 그 행복은 '더 좋은 직장, 더 큰 집, 더 비싼 차, 더 많은 돈, 혹은 타인의 인정으로 생각하고 그 행복에 도달하기 위해서 끝없이 달려간다. "조금만 더 가면 행복해질 거야, 조금 더 벌면 행복해질 거야."라고 말이다. 마치 행복이 먼 곳에 있는 무엇인가처럼, 그것을 쫓아 끊임없이 달려가지만, 시간이 지나면서 깨닫게 되는 것은, 행복은 도달해야 할 목표가 아니라, 지금, 이 순간을 살아가는 방식이라는 사실이다. 다시 말해, 행복은 미래에 이루어질 것이라는 착각으로 살아가지만, 사실은 현재, 지금 여기, 오늘, 이 순간에 존재한다. 누구나 이런 경험을 한 번쯤 해 봤을 것이다. 가지고 싶은 것들을 좀 더 빨리 소유하기 위해 무리해서 허세를 부리고, 타인의 인정에 으쓱해졌지만, 찰나의 행복이 지나간 뒤, 지금 현실과의 갭을 느끼며 더 불행한 감정을 느낀 경험 말이다. 그렇게 타인의 시선에 얽매이고, 남이 정한 기준에 행복을 잃게 된다면 삶은 얼마나 불행한가?

나는 마흔을 넘겨서야 깨닫게 되었다. 누구나가 그렇듯 나도 성공을 통해 행복하고 싶었고, 그래서 열심히 살아왔지만 되돌아보니 그 열심히 살아왔던 모든 순간이 그렇게도 도달하고 싶었던 행복이었구나. 물질과 타인의 인정보다는 매 순간 나의 선택과 그것을 즐기는 그 자체가 행복이었다는 것을, 행복은 목표가 아니라 과정이라는 것을 깨달았다.

잘 생각해 보자. 우리가 부러워하고 멋있다고 생각하는 사람들은 어떤 사람들일까? 많은 것을 이루고 가진 사람? 남들의 부러움을 받는 사람? 사회적 명예와 지위가 높은 사람? 모두 맞다. 하지만 그런 사람들을 자세히 살펴보면, 그들만의 공통적인 특징이 있다. 그들은 자신만의 특별한 가치관과 철학에 따라 삶을 살아간다. 그리고 그 삶의 방식은 종종 정상적인 틀을 깨고, 스스로 선택한 길을 따라가며 자신만의 길을 디자인한다. 예를 들어 예술혼에 빠져 자기 작품을 통해 세상을 놀라게 하는 예술가들. 그들은 성공이나 돈보다 자신이 사랑하는 일에 몰두하며, 때로는 이해하기 힘든 작품을 만들어내기도 하지만 결국 그들은 세계적으로 예술적, 문화적 영향을 미치며 인정받는다. 또한 사회의 고정관념을 넘어서 새로운 길을 열어가는 인권운동가나 정치인들은 사회적 기준에 도전하며 인종차별, 여성 인권 등 자신이 옳다고 믿는 방향을 끝없이 밀고 나간다. 그 길이 모두의 동의를 얻지 못하더라도, 그들의 신념을 향한 끊임없는 열정은 정말 멋지지 않은가? 그리고, 자기 계발과 내면의 성장을 지속적으로 추구하며, 타인에게 긍정적인 영향을 미치는 사람도 있다. 어쩌면 내가 가장 닮고 싶은 사람이 그런 사람들일 것이다. 그들은 내면을 탐구하고, 자신만의 길을 가며 진정한 행복을 찾는 사람이다.

결혼하든 하지 않든, 자식을 낳든 낳지 않든, 각자 자신만의 행복을 추구하는 방법은 다르다. 어떤 사람은 물질적인 것과 세속적인 것들을 모두 내려놓고 깊은 산 속에서 자연인으로 살아가며 행복을 느끼고, 또 어떤 사람은 명문대를 졸업하고 대기업을 잘 다니다가 갑자기 요리에 대한 꿈을 좇아 요리학원을 다니거나, 또 어떤 이는 의사의 삶을 버리고 농부가 되기도 한다. 평범한 회사 생활을 잘하다가 배우의 길을 가기 위해 오디션을 보기도 하고, 또 어떤 이는 갑자기 종교적 수행을 통해 영적인 깨달음을 추구하며 세속을 떠나기도 한다. 이처럼 각자의 가치관과 신념에 맞는 방식으로 삶을 살아가는 사람들은 때로는 도전적이고 실험적인 선택을 하지만, 그 선택 안에서 자신만의 성취와 만족을 느끼며 행복을 찾고 있다. 중요한 것은, 이 모든 선택이 결국 자신이 원하는 대로 이루어지고 있다는 점이다. 타인이 이해하지 않더라도, 그 선택으로 행복을 느낀다면 그것이 바로 성공이다. 행복은 외적인 조건이나 타인의 기대가 아니라, 내가 선택한 길에서 오는 것이며, 그것을 증명하는 것이 바로 자신의 삶이니, 그 선택을 두려워하거나 망설이지 말자.

인생은 모두에게 동일한 답을 요구하지 않는다. 각자의 길과 방식이 다르고, 그 길 위에서 찾아가는 해답도 각기 다르다. 중요한 것은 타인의 기대나 외적인 조건이 아닌, 자신만의 기준과 진정한 행복을 찾아가는 여정이다. 그것이 바로 진정한 성공이자, 우리가 살아가는 이유가 아닐까? 지금, 이 순간이 더 나은 내일로 이어지도록, 자신의 길을 믿고 나아가길 바란다. 자신만의 해답을 찾으며 그 여정 속에서 행복을 만들어가기를.

모두의 삶에 힘찬 응원의 메시지를 보낸다. 파이팅!

에필로그

내일, 더 나은 나를 위해

우리는 모두 '내일'이라는 단어에 특별한 의미를 부여하며 살아간다. 오늘을 열심히 사는 이유는 내일을 더 나은 모습으로 맞이하기 위함이지만, 그 더 나은 '내일'은 단순히 시간의 흐름에 따라 자동으로 찾아오는 것은 아니다. 내일을 만들고, 내일을 준비하는 주체인 자신이 어떤 선택을 하고, 어떤 가치를 가지고 어떻게 살아가는지에 따라 내일의 모습은 달라진다.

나는 이 책을 통해 독자들이 조금이라도 더 나은 내일을 꿈꿀 수 있길 바란다. 타인의 시선을 의식한 남에게 보여주기 위한 허세와 과시, 과도한 SNS는 자아를 잃어가는 불행의 시작일지도 모르니, 포장과 가면을 쓰고 살아가는 삶이 아닌 자신을 있는 그대로 인정하며, 자신만이 원하는 방향으로 삶을 살아가자.

우리는 언제든지 새로운 가능성으로 가득 찬 내일을 맞이할 수 있다. 내일은 결코 완벽하진 않겠지만, 오늘의 내가 어떻게 준비하느냐에 따라 그 내일은 훨씬 더 의미 있고, 특별한 하루가 될 수 있음을 기억하자. 이 책의 3장, 4장, 5장에서 다룬 내용들이 독자들의 내일을 위해 실천으로 옮겨지기를 바란다.

책을 집필하면서 인생 1막의 나를 되돌아보는 좋은 시간이 되었으며, 나 또한 나의 내일을 위해 변화하고 도전할 것이다.

독자들의 삶이, 오늘보다 조금 더 빛나는 내일이 되기를 진심으로 바란다.

비평

진정성의 내일, 나의 본질을 찾아가는 여정

김지연

멋지고 유쾌한 작가의 자기계발서다. 작가의 글에는 창공을 가로지르는 종이비행기처럼 날아가는 동안 무수한 인생의 세계를 여행하는 조용한 힘이 있다.

시대는 변화하지만, 변화하지 않는 가치를 강조하며, 지금 세계를 살아가는 젊은이들에게 뿌리 단단한 조언을 전하고 있다.

작가의 어조는 따뜻한 언니처럼, 친근한 누나처럼 겸손하다. 부드러운 문체 속에 작가가 전달한 의미는 단단하고 냉철하다.

작가는 이 세상에 만연해 있는 허세에 관해 문제의식을 가지고 날카롭게 지적한다.

특히 명품(사실 사치품이라는 표현이 옳다!) 소비욕과 관련하여 고작 사소한 물건에서 자기 자신의 의미를 찾는 어리석음을 조명한다.

남의 시선에 갇혀 과시욕에 사로잡힌 채 살아가면 자기 자신의 의미조차 상실하게 되고 진짜 인생의 의미를 찾으며 살아가기 어렵다.

작가는 성공과 과시, 허영, 사치는 다른 것임을 확실히 구분짓게 한다. 완전히 다른 이런 것들이 사실 우리 삶속에서 서로 비슷하게 존재하고 있고 이러한 혼동은 인생의 위기를 부른다.

함께 살아가는 세상이지만 타인과의 지나친 비교는 부질없다. 어찌 눈에 보이는 겉모습이 전부이겠는가? 타인이 감추고 있는 사연이 존재함을 강조하고 현재 가진 것에 충실한 삶을 살도록 자기 자신에 깊은 관심을 유도한다.

모두가 하고 싶어하는 성공. 그 성공이란 무엇일까? 이 책에는 명료하게 그 답이 나와 있다. 성공이란 부질없는 포장과 가면에서 벗어나 나의 본질을 찾아가는 여정이라고 하겠다.

작가는 성공이란 단순히 부의 축적만으로 만들어지는 것이 아니라고 말해 놀라움을 준다. 일상의 소소한 행복속에서 찾을 수 있음을 강조하여 인생의 의미를 살피는 의미를 보다 더 깊게 한다.

겉보기에 거창한 것이 뭐라고, 귀한 인생을 낭비하는가? 이 세상에 쓸모없으면서도 많은 이들이 집착하는 것이 바로 허세다. 겉모습을 통해 드러나는 허상이 끼치는 유해한 영향력을 조심하라고 당부하며 이 메시지에 귀를 기울일 필요가 있다.

작가는 타인의 눈에 비치는 나의 모습을 상기시키며 허세와 과시를 멀리할 것을 조언한다. 이러한 소박하면서 따뜻한 시선을 통해 새삼 우리의 삶이 얼마나 소중한 것인지 새삼 깨닫게 한다.

돈보다 중요한 것이 사랑과 행복이라는 강인한 메시지를 전하며, 겉보다 속이 중요하다는 내면의 위력을 끌어올리는 글이다. 또한 과거보다는 현재에 충실할 것을 강조하며 내가 내 삶이 주인이 되는 방법을 제시한다.

이 책에는 나 자신을 있는 그대로 인정하며 내면에서 긍정적 에너지를 키워 성숙한 인간으로 거듭나게 하는 따뜻한 통찰력이 있다. 글 속에서 얻어낸 인사이트를 통해 자신만의 길을 찾아가는 이정표로 사용하길 바란다.

책은 그 누구도 해주지 않는 이야기를 품고 있다. 오직 독서를 통해 방향성을 얻을 수 있다. 인생의 귀한 의미를 찾고, 아주 작고 사소한 것부터 달라질 수 있는 계기가 되길 바란다.

내일을 디자인하다

초판 1쇄 발행 | 2025년 1월 30일

지은이 | 고정선
펴낸이 | 김지연
펴낸곳 | 생각의빛

외주편집 | 김주섭

출판등록 | 2018년 8월 6일 제 406-2018-000094호

ISBN | 979-11-6814-099-8(03190)

블로그 | http://blog.naver.com/sangkac
원고 투고 | sangkac@nate.com

* 값 18,200원